W0057318

Joel Levy

Psychologie mal einfach
Alles, was man wissen muss

Joel Levy

PSYCHOLOGIE
MAL EINFACH

Alles, was man wissen muss

Aus dem Englischen von
Svenja Tengs

Anaconda

Titel der englischen Originalausgabe:
Psychology for Busy People. Everything you need to know.
First published in Great Britain in 2019 by Michael O'Mara Books Limited, London.

MIX
Papier aus verantwor-
tungsvollen Quellen
FSC® C083411

Verlagsgruppe Random House FSC® N001967

Die Deutsche Nationalbibliothek verzeichnet diese Publikation in der
Deutschen Nationalbibliografie; detaillierte bibliografische Daten sind im
Internet unter http://dnb.d-nb.de abrufbar.

Lizenzausgabe mit freundlicher Genehmigung
© dieser Ausgabe 2020 by Anaconda Verlag,
einem Unternehmen der Verlagsgruppe Random House GmbH,
Neumarkter Straße 28, 81673 München
Alle Rechte vorbehalten.
Umschlagmotiv: shutterstock / painterr
Umschlaggestaltung: www.katjaholst.de
Satz und Layout: Achim Münster, Overath
Druck und Bindung: CPI Books GmbH, Leck
Printed in the Czech Republic
ISBN 978-3-7306-0829-6
www.randomhouse.de

INHALT

Für meinen Vater

Einleitung

WAS IST PSYCHOLOGIE?

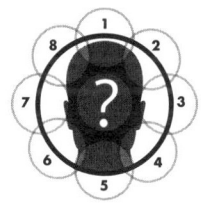

Psychologie ist die Erforschung des Geistes, doch diese einfache Formulierung deckt einen überwältigenden, riesigen Bereich menschlichen Denkens und Handelns ab – von der Biologie des Gehirns und des Nervensystems bis zur Bedeutung von Liebe und Glück. Psychologie wurde die »Wissenschaft der Menschheit« genannt, weil sie eine wissenschaftliche Erforschung all dessen anstrebt, was uns menschlich macht. Der Schlüsselbegriff hier lautet »Wissenschaft«. Viele andere Fachgebiete wie Philosophie, Geschichte und Kulturwissenschaften untersuchen ähnliche oder überschneidende Bereiche, doch Psychologie unterscheidet sich von ihnen, da sie einen wissenschaftlichen Ansatz verfolgt.

In diesem Sinne bezieht sich Wissenschaft auf eine spezifische Philosophie und Methodik des Wissens und Erforschens. Durch die Beobachtung von Phänomenen (wie Gedanken und Verhaltensweisen) werden Hypothesen aufgestellt, die als Modelle oder Theorien dienen und erklären, wie und warum etwas geschieht. Aus diesen Hypothesen werden Prognosen entwickelt, die mit Experimenten überprüft werden können. Je nachdem, inwieweit die Ergebnisse des Experiments mit den Prognosen übereinstimmen, gelten die Hypothesen als bestätigt oder widerlegt. Zumindest sollte Wissenschaft – und daher auch Psychologie – so funktionieren, auch wenn es – wie Sie sehen werden – in der Psychologie nicht immer so einfach ist.

Psychologie ist ein sehr breites, weitläufiges Fachgebiet und kann auf viele unterschiedliche Arten kategorisiert, klassifiziert und unterteilt werden. Es besteht zum Beispiel ein Unterschied zwischen theoretischer und angewandter Psychologie: Erstere untersucht die Theorien und Grundprinzipien psychologischer Prozesse, wohingegen Letztere das Anliegen verfolgt, die wissenschaftliche Psychologie praktisch anzuwenden, beispielsweise bei der Behandlung psychischer Erkrankungen.

Dieses Buch folgt weitgehend der typischen Lehrbuchunterteilung von Psychologie und deckt die folgenden Bereiche ab:

- Kognitive Psychologie – die Erforschung vom Denken, der Erinnerung und Gefühlen

- Interpersonelle Psychologie – die Erforschung der zwischenmenschlichen Beziehungen

- Differenzielle Psychologie – die Erforschung von den Unterschieden zwischen den Menschen, einschließlich Persönlichkeit und Intelligenz

- Sozialpsychologie – Gruppenpsychologie

- Entwicklungspsychologie – die Erforschung der menschlichen Entwicklung, Veränderung und Bildung

- Psychopathologie – die Erforschung der psychischen Störungen und ihrer Behandlung

- Positive Psychologie – die Psychologie des Glücks und Wohlbefindens

1

Alles Wissenswerte über

GEHIRN UND GEIST

GEHIRN UND NERVENSYSTEM

Um Psychologie zu verstehen, müssen wir zuerst die zugrundeliegenden naturwissenschaftlichen Aspekte betrachten, insbesondere in Bezug auf das Gehirn: Die Bausteine und grundlegenden Elemente des Nervensystems, die verschiedenen Hirnregionen mit ihren unterschiedlichen Funktionen, wichtige Forschungen und historische Fallstudien, die die faszinierenden und bisweilen bizarren Folgen des Zusammenhangs zwischen Aufbau und Funktion enthüllt haben, sowie damit einhergehende, überaus rätselhafte Aspekte zu Bewusstsein, Schlaf und Hypnose.

11

Neuronen und das Nervensystem

Es besteht ein Unterschied zwischen dem »zentralen« und »peripheren« Nervensystem. Das zentrale Nervensystem umfasst Gehirn und Rückenmark, wohingegen das periphere aus den Nerven gebildet wird, die bis zur Haut und den Muskeln reichen und sensorische oder motorische Signale sowie Impulse weiterleiten.

Sowohl das zentrale als auch das periphere Nervensystem bestehen aus Nervenzellen, den Neuronen. Der Großteil der Neuronen setzt sich aus einem Zellkörper mit vielen von ihm ausgehenden Zellfortsätzen zusammen. Bei den meisten handelt es sich um »Dendriten«, die Informationen von anderen Neuronen empfangen und in den Zellkörper weiterleiten. Ein bestimmter Zellfortsatz ist das »Axon«, das viel länger als die ande-

Vegetatives Nervensystem

In unserem Körper gibt es ein Nervensystem, das nicht der bewussten Kontrolle unterliegt: das vegetative Nervensystem. Es reguliert Vorgänge wie Atmung, Verdauung, die Erweiterung und Verengung von Blutgefäßen, Schwitzen und das Aufstellen von Haaren.

ren Zellfortsätze ist und sich bis auf einen Meter ausdehnen kann, bevor es sich in mehrere kleine Äste aufteilt, um sich mit den Dendriten anderer Neuronen zu verbinden. Bei den meisten Neuronen ist das Axon von einer fettigen weißen Hülle umgeben – der »Myelinscheide«, die wie eine Isolationsschicht wirkt und die Übertragung von Nervensignalen beschleunigt.

Signalprozessoren und Synapsen

Ein Neuron ist wie ein winziger, elektrisch geladener biologischer Mikroprozessor-Chip. Es empfängt Eingangssignale von anderen Neuronen (über die Dendriten), verarbeitet sie (im Zellkörper) und sendet Ausgangssignale aus (über das Axon). Beim Transport von Ionen durch die Zellmembran baut sich eine elektrische Spannung zwischen dem Inneren und dem Äußeren auf. Wenn das Neuron genug Eingangssignale erhält, kommt es zu einer Veränderung in der Zellmembran, was auf der gesamten Länge des Neurons zu einer schnellen Entladung der elektrischen Spannung führt. Dabei entsteht ein elektrischer Impuls, das Nervensignal. Was geschieht dann?

• Nervensignale (die Ein- und Ausgangssignale der Nervenzellen) werden zwischen den Neuronen über eine Synapse übertragen (wo sich das Axon eines Neurons mit dem Dendriten eines anderen verbindet und nur durch einen winzigen synaptischen Spalt von diesem getrennt ist).

- Wenn ein Nervensignal am Ende des Axons angelangt, werden kleine Mengen spezieller Chemikalien, der so genannten »Neurotransmitter«, in den Spalt freigesetzt und auf der anderen Seite von Rezeptorproteinen gebunden.

- Wenn genug von diesen und anderen Signalen, die zum Empfängerneuron gehören, am Dendriten gebunden werden, erzeugt dieser einen eigenen elektrischen Impuls und leitet so das Nervensignal weiter.

Transmitter werden von unterschiedlichen Neuronenarten und in diversen Hirnregionen verwendet. Sie können auch verschiedenartig auf dasselbe Neuron wirken, indem sie es erregen oder hemmen. In letzterem Fall sinkt die Wahrscheinlichkeit einer Signalweiterleitung. Neurotransmitter spielen eine wichtige Rolle bei der Steuerung von Hirnprozessen. Verändert sich die subtile Balance von Neurotransmittern im Gehirn (zum

Beispiel durch die Einnahme von Medikamenten oder Drogen), kann sich dies auf die Stimmung, die Motorik, die Wahrnehmung, das Gedächtnis und sogar das Bewusstsein auswirken.

Der Neurotransmitter »Serotonin« spielt zum Beispiel eine wichtige Rolle bei der Erzeugung und Steuerung von Emotionen und Stimmungen. Das Serotoninniveau verändert sich im Laufe eines Tages und eines Jahres und kann durch Ernährung, Antidepressiva wie Prozac und Drogen wie Ecstasy beeinflusst werden.

Kartierung des Gehirns

Das zentrale Nervensystem umfasst die Wirbelsäule, den Hirnstamm sowie das Klein- und Großhirn:

- Die Wirbelsäule empfängt Nervenimpulse von »sensorischen« und »Feedback«-Neurone im peripheren Nervensystem und leitetet Signale an diese weiter. Manche neurologische Funktionen, wie der Kniesehnenreflex – ausgelöst durch einen Schlag auf die Sehne unterhalb der Kniescheibe – werden nur innerhalb der Wirbelsäule ausgeführt, doch die meisten basieren auf Signalen, die zum und vom Gehirn geleitet werden. Die Wirbelsäule dringt durch die Schädelbasis in den primitivsten Teil des Gehirns, den Hirnstamm.

- Der Hirnstamm reguliert die unbewussten Vorgänge des Körpers, zum Beispiel die Atmung und den Wach- oder Schlafzustand. Alle ein- und ausgehenden Nervensignale zwischen dem Gehirn, dem Körper und den Sinnen durchqueren diese Region. Durch den Hirnstamm gelangen auch die Nervensignale der rechten Körperhälfte in die linke Gehirnhälfte und umgekehrt.

- Das Kleinhirn liegt an der Gehirnbasis und steuert die komplexen neuronalen Übertragungsprozesse, die für geschmeidige, koordinierte und aufeinander abgestimmte Bewegungen nötig sind. Zum Beispiel kann man sich zwar bewusst dazu entscheiden zu laufen und greift dabei auf höhere Gehirnbereiche zurück, doch es ist das Kleinhirn, das den damit einhergehenden neuronalen Vorgang ausführt.

- Wenn wir vom Gehirn sprechen, meinen wir meistens das Großhirn. Dort werden alle höheren geistigen Funktionen wie Denken, Gedächtnis und Sprache ausgeführt. Hier ist auch der Sitz des Bewusstseins. Die äußere Oberfläche des Großhirns, die Hirnrinde, ist sehr faltig und rissig und sieht wie eine Walnuss aus. Dank dieser überaus faltigen Struktur passen mehr Oberflächenschichten des Gehirns in den Schädel.

• Zwischen dem Großhirn und den unteren Gehirnbereichen gibt es Zwischenstrukturen, die die bewussten Prozesse des Großhirns mit den unbewussten Vorgängen des Hirnstamms verbinden: den Thalamus, den Hypothalamus und das limbische System. Sie sind für die Erzeugung und Steuerung der »animalischen« Seiten der Persönlichkeit zuständig, darunter Gefühle, Ängste und grundlegende Bedürfnisse wie Hunger, Durst oder sexuelles Verlangen. Zudem kommt ihnen beim Lernen und der Gedächtnisbildung eine wichtige Rolle zu.

Rechte und linke Gehirnhälfte

Das Großhirn wird in zwei Hälften unterteilt, die linke und rechte Hirnhemisphäre. Auch wenn beide auf anatomischer Ebene fast identisch sind und häufig zusammenarbeiten, gibt es doch Unterschiede in Bezug auf ihre Funktionen. Bei den meisten Menschen ist die linke Gehirnhälfte vorwiegend für Funktionen wie Sprache, logisches Denken und mathematische Fähigkeiten zuständig und die rechte hauptsächlich für Gefühle, Kunst und räumliches Denken. Jede Hemisphäre steuert die sensorischen und motorischen Funktio-

Neglect – Nur die Hälfte verstehen

Gelegentlich wird bei einem Schlaganfall, einer Verletzung oder Operation eine Hirnhemisphäre beschädigt, wohingegen die andere weiterhin normal funktioniert. Bei Betroffenen kann eine Störung namens Neglect auftreten, die sich dadurch äußert, dass eine Seite der Umgebung nicht wahrgenommen oder beachtet werden kann. Symptomatisch hierfür ist zum Beispiel, dass beim Zeichnen einer Uhr alle Zahlen nur in eine Hälfte des Ziffernblattes geschrieben werden, dass nur eine Gesichtshälfte rasiert und nur eine Hälfte des Tellers leergegessen wird, auch wenn der Betroffene hungrig ist (wird der Teller gedreht, wird auch die andere Hälfte gegessen). Es kann sogar vorkommen, dass die Gliedmaßen der betroffenen Seite nicht erkannt werden.

nen der entgegengesetzten Körperhälfte, doch bei den meisten Menschen ist vorwiegend die linke Gehirnhälfte für Motorik verantwortlich, weshalb es so viele Rechtshänder gibt.

In der Regel sind wir uns dieser funktionalen Trennung nicht bewusst. Dies verdanken wir dem *Corpus callosum,* einer Art Balken aus Nervenfasern, der die beiden Hemisphären miteinander verbindet und über den in hoher Geschwindigkeit Informationen übermittelt werden. Die Botschaften werden so schnell zwischen den Hemisphären übertragen, dass diese als eine Einheit fungieren können.

Hirnlappen

Jede Hirnhemisphäre ist in vier Lappen unterteilt: den Frontal-, den Temporal-, den Parietal- und den Occipitallappen.

- Die Frontallappen (die für intellektuelle Funktionen wie Planen, Vorausdenken, Strategie, Wille und Selbstbeherrschung zuständig sind) liegen im vorderen Gehirn. Sie umfassen auch einen Großteil des Motorcortexes, der für die bewusste Steuerung von Muskeln verantwortlich ist, sowie manche Bereiche der Sprachsteuerung.

- Die Temporallappen (die für Hören, Riechen und Sprachverständnis zuständig sind) liegen auf beiden Seiten des Gehirns. Störungen (wie Epilepsie) in diesem Teil des Gehirns stehen mit Angstgefühlen wie dem Wittern von Bedrohungen oder dem Wahrnehmen unheimlicher Geräusche in Verbindung.

- Die Parietallappen liegen im oberen Gehirn (und umfassen das Hauptareal des somatosensorischen Cortexes, wo Empfindungen unterschiedlicher Körperteile bewusst gespürt werden).

- Die Occipitallappen (die hauptsächlich für die Sehkraft zuständig sind) liegen im hinteren Gehirn.

Eine wichtige Frage lautet: Woher wissen wir, welche Funktion den verschiedenen Gehirnbereichen zukommt? Die Lokalisierung von Gehirnfunktionen in bestimmten Hirnstrukturen ist eines der zentralen Anliegen der Neuropsychologie. Dieses Teilgebiet der Psychologie befasst sich mit dem Nervensystem und dem Verhältnis zwischen Hirnstruktur und -funktion. Heutzutage nutzen Forscher hochmoderne Technologien wie

Gehirnscans und bildgebende Verfahren, um bei oder nach verschiedenen Denkprozessen das Gehirn lebendiger Menschen zu erforschen. Früher mussten Wissenschaftler das Gehirn nach dem Tod untersuchen und ihre Beobachtungen mit der Krankengeschichte der Person in Verbindung bringen. Ein berühmtes frühes Beispiel hierfür war Phineas Gage (siehe Seite 20 f.), der einen Unfall überlebte, bei dem sich eine Metallstange in sein Gehirn bohrte.

Manche Teile des Gehirns sind nach Neurologen benannt, die eine Verbindung zwischen der Schädigung in diesen Regionen und den spezifischen Defiziten ihrer Patienten herstellten. Zum Beispiel fand der deutsche Arzt und Psychiater Carl Wernicke (1848–1905) Folgendes heraus: Patienten können die Fähigkeit verlieren, einen Zusammenhang zwischen Sprache und Bedeutung herzustellen, wenn eine bestimmte Hirnstruktur (beispielsweise durch einen Schlaganfall) beschädigt wurde. Diese wird heute »Wernicke-Areal« genannt. So entsteht der charakteristische »Wortsalat« (ein Durcheinander von Geräuschen, die wie Sprache klingen, aber keine Bedeutung haben). Schädigungen an einer anderen, nach dem französischen Arzt Paul Broca (1824–1880) benannten Hirnstruktur wurden von ihm mit einem entgegengesetzten Syndrom in Verbindung gebracht, bei dem Sprache zwar verstanden wird, die für die Artikulation nötigen Bewegungen aber nicht ausgeführt werden können.

Der »Motorcortex« und der »somatosensorische Cortex« gehören ebenfalls zu den Bereichen, in denen die Funktion in einer spezifischen Hirnstruktur genau lokalisiert (oder kartografiert) werden kann. Dabei handelt es sich um Areale des Cortexes nahe der Grenze des Frontal- und Parietallappens. Verschiedene Teile

Kartierung des Gehirns

Phineas Gage (1823–1860) war ein Eisenbahnarbeiter, dessen Kopf 1848 bei einer Explosion von einer Eisenstange durchbohrt wurde. Seinem Hausarzt John Harlow zufolge veränderte der Unfall Gages Persönlichkeit grundlegend: Aus dem einst zuverlässigen, pflichtbewussten Menschen mit »ausgeglichenem Gemüt« wurde ein ungehobelter, impulsiver Trinker: »Das Gleichgewicht zwischen seinen intellektuellen Fähigkeiten und animalischen Neigungen scheint zerstört worden zu sein.«

Harlow stellte einen Zusammenhang zwischen der Veränderung und der Art seiner Hirnläsion im Frontallappen her und der Fall wurde zum Ausgangspunkt für die Bestrebungen, Gehirnfunktionen einem spezifischen Areal

dieser Areale steuern die Motorik/Wahrnehmungen in bestimmten Körperteilen, sodass es möglich ist, einen direkten Bezug zwischen Körperteilen und Stellen auf der Gehirnoberfläche herzustellen. Doch viele – oder die meisten – kognitiven Funktionen lassen sich nicht so einfach den verschiedenen Gehirnarealen zuordnen. Man geht davon aus, dass diese Funktionen im Gehirn verteilt sind, weil der sie vermittelnde Apparat über das gesamte Gehirn ausgebreitet ist.

zuzuordnen. Harlows Bericht schien aufzuzeigen, dass der Frontallappen jene Fähigkeiten steuert, die heute »exekutive Funktionen« genannt werden: Planen, Voraussehen, Selbstbeherrschung und das Unterdrücken »animalischer Instinkte«.

Da es sich als schwierig erwies, die genaue Art von Gages Hirnschaden zu bestimmen, kann sein Fall die vielen über ihn angestellten Interpretationen nicht verifizieren. Dennoch wird Gage immer noch in Lehrbüchern zitiert und stellt eine bedeutende Figur in der Entwicklungsgeschichte der Psychologie dar, denn aus seinem Fall wurde die zentrale materialistische These entwickelt, dass der Geist ein biologisches, direkt im Gehirn lokalisierbares Phänomen sei.

BEWUSSTSEIN, SCHLAF, TRÄUME UND HYPNOSE

Das menschliche Bewusstsein umfasst Wahrnehmung, Subjektivität und Selbstwahrnehmung, doch seine genaue Definition hängt immer davon ab, in welchem Kontext darüber gesprochen wird. Diese Kontexte reichen von der Physiologie – wie der Unterscheidung zwischen Koma, Schlaf und Wachzustand – bis zur Philosophie und der Unterscheidung zwischen menschlichem, tierischem und maschinellem Bewusstsein.

Häufig gibt es in jedem dieser Kontexte unterschiedliche Definitionen, Niveaus und Arten von Bewusstsein. Um nur ein Beispiel zu nennen: Im Jahr 1998 unterschied der amerikanische Philosoph Ned Block (geb. 1942) zwischen »phänomenalem Bewusstsein« (direktes Erleben eines Phänomens) und »Zugriffsbewusstsein« (direktes Erleben, das für das Bewusstsein zugänglich ist und auf das man seine Aufmerksamkeit richtet). Beide sind häufig identisch, jedoch nicht immer, wie folgendes Beispiel verdeutlicht: Jemand bemerkt das Läuten einer Uhr erst verspätet, kann dann aber sagen, wie oft die Uhr geschlagen hat.

Arousal und Wachsamkeit

Vielleicht besteht die einfachste Art, das Bewusstsein zu verstehen, in der Unterscheidung von Wachzustand, Schlaf und Bewusstlosigkeit, die durch eine Narkose oder einen Schlag auf den Kopf ausgelöst werden kann. Unter Narkose ist man offensichtlich bewusstlos, aber wie verhält es sich im Schlaf? Neuropsychologen beschreiben den Unterschied als *Arousal* (dt. »Erregung«, jedoch ohne die emotionale Komponente) und beziehen sich dabei auf die physiologischen Messungen der Gehirn- und Körpertätigkeit. Diese Messungen umfassen den Puls, die Atemfrequenz und elektrische Hirnaktivitäten, die von einem Elektroenzephalogramm (EEG) gemessen werden. Ein weiterer Begriff für *Arousal* in diesem Sinne ist »Wachheit«.

Es gibt zwei Haupttypen von Wachheit: die »phasische« und die »tonische«.

- Die phasische Wachheit ist kurzzeitig und äußert sich zum Beispiel als verstärkte Aufmerksamkeit, Konzentration und körperliche Reaktionen beim Anblick einer sich nähernden Bedrohung.

- Wachheit oder *Arousal* dient dazu, das Bewusstsein auf wichtige neue Stimuli zu richten. Wenn der Reiz andauert oder sich kontinuierlich wiederholt, wird er habitualisiert, d. h. man gewöhnt sich an ihn, und die phasische Wachheit nimmt ab. So muss man seine physische und mentale Energie nicht auf einen konstanten Reiz verschwenden, sondern kann seine Kräfte für mögliche neue Stimuli aufsparen.

- Die tonische Wachheit beschreibt die graduelle Veränderung des inneren *Arousal* im Laufe eines Tages, zum Beispiel wenn man vom Schlafen in den Wachzustand übergeht und Momente der Schläfrigkeit oder andere niedrige *Arousal*-Zustände erlebt.

- Gesteuert wird diese Wachheit hauptsächlich von elektrischen Aktivitäten in einem Teil des Hirnstamms, dem »retikulären Aktivierungssystem (RAS)«. Wenn der Hirnstamm eines Tieres unterhalb des RAS durchtrennt wird, ist es gelähmt, kann aber weiterhin wachsam sein und wie gewohnt schlafen und wach sein. Wird der Hirnstamm oberhalb des RAS durchtrennt, fällt das Tier in einen fortwährenden Tiefschlaf.

Schlaf

Schlaf ist ein bestimmter Zustand, in dem das Bewusstsein aufgehoben ist und man für die Außenwelt nahezu, wenn auch nicht vollkommen unempfänglich ist. Er unterscheidet sich vom Ausruhen, da im Schlaf die Muskeln entspannt sind und der Stoffwechsel langsamer wird. Auch Messungen der Hirnaktivität wie EEGs weisen charakteristische Veränderungen auf. Schlafpsychologen zufolge gibt es fünf Schlafstadien: den »REM-Schlaf« (engl. *Rapid Eye Movement*, dt. »schnelle Augenbewegungen«) und vier weitere, die als »Non-REM-Schlaf« (auch NREM-Schlaf) bezeichnet werden. Normalerweise durchläuft man diese Stadien wie folgt:

• Übergang vom Wachzustand in den Schlaf: die Einschlafphase, auch »hypnagogischer Zustand«, in dem sich das Muster der elektrischen Hirnaktivität verändert, nachdem man die Augen geschlossen hat. Die elektrische Hirnaktivität erfolgt in Zyklen (Gehirnwellen) und diese wechseln von einer relativ hohen Frequenz (Beta-Wellen) zu niedrigeren Frequenzen (Alpha-Wellen), die charakteristisch für einen entspannten Geist sind.

- NREM-Stadium 1: Alpha-Wellen werden durch Theta-Wellen mit niedriger Frequenz ersetzt. Die Augen rollen langsam, der Puls sinkt und die Muskeln beginnen sich zu entspannen. In dieser Phase kann man leicht geweckt werden.

- NREM-Stadium 2: Es kommt zu ein bis zwei Sekunden langen Ausbrüchen der Hirnaktivität, die wegen ihres Musters auf der EEG-Anzeige »Schlafspindeln« genannt werden. In dieser Phase kann man immer noch leicht geweckt werden.

- NREM-Stadium 3: Typisch für diese Phase sind Delta-Wellen mit sehr niedriger Frequenz. Außerdem sinken der Blutdruck, die Körpertemperatur und der Puls. Man reagiert nicht auf äußerliche Stimulierung und kann nur schwer geweckt werden.

- NREM-Stadium 4: Die Hirnaktivität besteht vorwiegend aus Delta-Wellen, während man in den Tief- oder Delta-Schlaf übergeht. Es dauert etwa eine halbe Stunde, um diese Phase zu erreichen, und man verbringt etwa eine halbe Stunde im

Tiefschlaf, aus dem man schwer geweckt werden kann. Schrittweise durchläuft man die Phasen nun rückwärts, doch anstatt wieder in das Stadium 1 einzutreten, geht man in eine neue Phase über, den REM-Schlaf.

- REM-Schlaf, auch »Aktivschlaf«: Das Gehirn ist so aktiv wie im Wachzustand und die Augen bewegen sich, doch der restliche Körper ist gelähmt. Puls, Atemfrequenz und Blutdruck steigen, sodass man auf physiologischer Ebene äußerst aktiv erscheint, doch nur sehr schwer geweckt werden kann. Diese Phase heißt auch »paradoxer Schlaf«. Die meisten Träume ereignen sich während des REM-Schlafs.

Die Funktionen von diesen Phasen und von Schlaf im Allgemeinen sind weiterhin strittig. Es gibt keine Theorie, die alle Fakten erklären kann. Wenn es beim Schlafen zum Beispiel nur darum geht, Energie zu tanken, warum gibt es dann das REM-Stadium, in dem genauso viel Energie verbraucht wird wie im Wachzustand?

Das Grauen vor der Tür

Die Übergangsphasen zwischen Wachzustand und Schlaf werden jeweils »hypnagogischer« und »hypnopompischer Zustand« genannt. Manchmal sind sie mit merkwürdigen Empfindungen, Wahrnehmungen und Halluzinationen verknüpft. So kann es vorkommen, dass man eine unbekannte, nicht selten bösartige Präsenz spürt oder Stimmen hört. Dies liegt womöglich an einer erhöhten Hirnaktivität in den Temporallappen, den Teilen des Cortexes, die bekanntermaßen mit solchen Wahrnehmungen in Verbindung stehen. Vielleicht ist es kein Zufall, dass die meisten paranormalen Erlebnisse kurz vor dem Einschlafen oder Aufwachen stattfinden.

Träume

Obwohl Psychologen viel darüber wissen, *wie* Menschen träumen, ist es weitaus schwerer zu erklären, *warum* sie träumen.

Was wissen wir darüber?

- Erwachsene haben in der Regel vier bis sechs Träume pro Nacht, die jeweils fünf bis dreißig Minuten dauern.

- Kinder unter zehn Jahren haben de facto weniger Träume als Erwachsene.

- Außerdem erinnern wir uns nur an einen winzigen Bruchteil dieser Träume, doch wir wissen, dass sie häufig mit starken emotionalen Inhalten einhergehen, die meistens mit negativen Gefühlen wie Angst in Verbindung stehen.

- Die meisten Träume ereignen sich im REM-Schlaf, in dem der Körper jede Menge Energie verbraucht, was darauf hindeutet, dass Träume auf evolutionärer Ebene irgendeinen Nutzen haben müssen. Diese These wird auch durch folgendes Phänomen gestützt:

- »REM-Rebound«: Wenn Menschen oder Tiere am REM-Schlaf gehindert werden, bauen sie anscheinend einen REM-Mangel auf. Dieser wird kompensiert, indem sie bei der nächsten Schlafgelegenheit mehr Zeit im REM-Schlaf verbringen.

- Neben dem REM-Schlaf ist vermutlich auch das Träumen als sein zentrales Merkmal eine besonders wichtige Komponente von Schlaf. Die Bestimmung seiner Funktionen und seines Nutzens hat sich jedoch als sehr schwierig erwiesen.

Im Altertum wurde Träumen eine wichtige Heilwirkung zugeschrieben. Heutzutage sind ähnliche Überzeugungen immer noch weit verbreitet, auch unter vielen Psychologen. Ausgehend von der Ansicht Sigmund Freuds (1856–1939), dass Träume der »Königsweg zum Unbewussten« sind (also der bestmögliche Einblick in die Mechanismen des Unbewussten), gelten Träume in der Psychoanalyse als eine Art Spielplatz der Psyche. Freud argumentierte, dass sich unterdrückte Ängste und Wünsche sowie andere unbewusste Inhalte in Träumen zeigten und ausgelebt werden dürften. Psychoanalytiker halten diesen Prozess für wichtig, da Konflikte und Ängste so erforscht und aufgelöst werden können. Doch da wir uns nur an sehr wenige Träume erinnern können, scheint ihr Nutzen für die psychische Gesundheit begrenzt zu sein.

Der psychologische Ansatz der »kognitiven Psychologie«, die von einer Ähnlichkeit zwischen Geistes- und Computerprozessen ausgeht, weist darauf hin, dass durch Träumen (und durch Schlafen im Allgemeinen) die Lernfähigkeit und das Gedächtnis verbessert werden. Kognitive Traumtheorien verweisen auf die wichtige Rolle, die Träume beim Wiederholen und Festigen von Wissen und Erinnerungen sowie beim »Aussortieren« obsoleter und verschütteter Erinnerungen spielen.

Hypnose

Der Begriff Hypnose stammt vom griechischen *hýpnos*, auf Deutsch »Schlaf«, was bezeichnend für die Anfangszeit der Forschung auf diesem Gebiet ist. Damals wurde das Phänomen noch »Somnambulismus« (Schlafwandeln) genannt, zum Beispiel von Marquis de Puységur (1751–1825), einem Schüler des Wiener Arztes Anton Mesmer (1734–1815), der Menschen in andere Bewusstseinszustände versetzen konnte. Dieses Phänomen war weithin als »Mesmerismus« bekannt, auch wenn Mesmer selbst seine Fähigkeiten auf eine physische Kraft zurückführte, die er »animalischen Magnetismus« nannte.

Puységur interessierte sich besonders für den damals so genannten »magnetischen Schlaf«, eine Art Begleiterscheinung des Mesmerismus, die dazu führte, dass Menschen sich wie Schlafwandler verhielten: passiv, beeinflussbar und in einer Art Trancezustand. Seine Forschung über das Schlafwandeln wurde später vom schottischen Arzt James Braid (1795–1860) aufgegriffen, der den Begriff »Hypnose« prägte und das Phänomen nicht mehr dem physischen, sondern dem psychologischen Bereich zuordnete.

Anscheinend bietet Hypnose Zugang zu einem bestimmten, alternativen Bewusstseinszustand. Freud versuchte, sie in der Psychoanalyse als Hilfsmittel zu verwenden. Schon viele betonten, dass man mit Hypnose das Gedächtnis fördern, das Verhalten steuern, psychologische Probleme lösen und den Austausch zwischen Geist und Körper stärken könne (z. B. über das mentale Steuern des Blutdrucks, Kreislaufs und Schmerzempfindens). Dennoch sind die Grundlagen der Hypnose weiterhin umstritten. Es gibt zwei entgegengesetzte Denkrichtungen, die im späten 19. Jahrhundert in Frankreich entstanden und bis heute fortbestehen:

- Der visionäre Psychiater Pierre Janet (1859–1947) vertrat die These, dass Hypnose zu einem speziellen Zustand führt, der mit einer gewissen Abspaltung vom Bewusstsein verbunden ist und in dem manche Teile des Geistes oder der Persönlichkeit »einschlafen«, wohingegen andere weiterhin funktionieren. Diese bis heute weitverbreitete Hypnosetheorie wurde fast von Anfang an von einer anderen angefochten.

- Laut Hippolyte Bernheim (1840–1919), Professor für Medizin in Nancy, ist Hypnose kein spezieller, sondern nur ein gewöhnlicher psychologischer Prozess, der mit Suggestion und Suggestibilität (Beeinflussbarkeit) einhergeht. Diese auf dem nicht-speziellen Bewusstseinszustand basierende Theorie vertritt die These, dass Hypnose eine Art stillschweigendes Rollenspiel zwischen Hypnotiseur und Hypnotisiertem ist (dabei kann es sich um ein und dieselbe Person handeln).

Darüber hinaus hat die Forschung viele gängige Vorstellungen über Hypnose widerlegt. Durch Hypnose kann nicht das Gedächtnis verbessert werden und es ist falsch und potenziell gefährlich, mittels Hypnose Erinnerungen »zurückzuholen«. Man kann nicht gegen den eigenen Willen hypnotisiert werden und die hypnotisierte Person unterliegt nicht der Kontrolle des Hypnotiseurs.

Gefühle

Hirnstrukturen werden häufig anhand ihres Evolutionsniveaus beschrieben. Zum Beispiel gelten die tieferen und unteren Strukturen wie das limbische System und der Hirnstamm als »primitive« oder »animalische«

Hirnteile. Parallel dazu werden die Funktionen dieser Hirnstrukturen in der kognitiven Hierarchie weiter unten eingeordnet: Instinkte, Triebe und Gefühle gelten als die animalischen oder primitiven Teile unserer Psychologie.

Die sensorischen Organe leiten Informationen über die Außenwelt ans Gehirn weiter und die Erstverarbeitung dieser sensorischen Stimuli erfolgt in Hirnstrukturen wie dem Thalamus. Dort werden besonders bemerkenswerte, auffällige und potenziell wichtige (gefährliche oder nützliche) Stimuli je nach Auffälligkeit (Salienz) bewertet und nach Dringlichkeit eingeordnet. Der Thalamus ist mit dem »Amygdala« (einem kleinen, mandelförmigen Kerngebiet des Gehirns oberhalb des Hirnstamms) verbunden und über ihn mit dem Cortex. Im Cortex werden die Feinheiten des sensorischen Eingangssignals durch höhere kognitive Prozesse verarbeitet. Allerdings sind emotionale Reaktionen zu diesem Zeitpunkt schon in Gang gesetzt worden.

Wie sehen diese Reaktionen aus? Gefühle bestehen aus drei Komponenten:

• Subjektive Erfahrung, einschließlich Gefühle, Gedanken und Erinnerungen

- Instinktive Zustände: physiologische Veränderungen des vegetativen Nervensystems und des endokrinen Systems, das die Hormone steuert

- Damit einhergehende Verhaltensweisen

Doch in welcher Reihenfolge treten diese Elemente auf und was wissen wir über die Ursachen und Wirkungen?

Wie viele Emotionen gibt es?

Seit den Anfängen der Psychologie als Wissenschaft haben Psychologen versucht, Gefühle zu kategorisieren und zu bestimmen. Als überaus einflussreicher Versuch gilt die Arbeit des amerikanischen Psychologen Paul Ekman (geb. 1934), der in interkulturellen Studien untersuchte, welche Gefühle Teilnehmer auf Fotos von Gesichtsausdrücken erkannten und wie sie darauf reagierten. Er identifizierte sechs Basisemotionen: Freude, Ekel, Überraschung, Traurigkeit, Wut und Angst. Ein anderer amerikanischer Psychologe, Robert Plutchik (1927–2006), entwickelte das »Rad der Emotionen« mit vier Gegensatzpaaren von Primäremotionen: Freude/Traurigkeit, Ekel/Annahme, Angst/Wut und Überraschung/Erwartung. Von ihnen gehen komplexere Sekundäremotionen aus.

Sind wir glücklich, weil wir lächeln?

Glaubt man einer weitverbreiteten Ansicht über Gefühle, reagiert der Körper auf die Tatsache, dass uns etwas fröhlich, traurig oder wütend stimmt. Mit anderen Worten: Psychologische Zustände lösen physiologische, körperliche Reaktionen aus. Doch zwei Vorreiter der Psychologie – der amerikanische Psychologe und Philosoph William James (1842–1910) und der dänische Arzt Carl Lange (1834–1900) – stellten unabhängig voneinander eine Theorie auf, die diesen Ansatz umkehrte. Die so genannte »James-Lange-Theorie« geht davon aus, dass subjektive Gefühlsempfindungen auf der Physiologie und dem Verhalten basieren. Unsere höheren geistigen Fähigkeiten interpretieren instinktive körperliche Reaktionen erst *nach* deren Eintritt oder, wie James es formulierte: »Wir sind traurig, weil wir weinen, wütend, weil wir zuschlagen, und ängstlich, weil wir zittern.«

Kritiker konnten beweisen, dass die James-Lange-Theorie nur funktionieren würde, wenn es für jeden emotionalen Zustand spezifische und verschiedene physiologische Erregungsmuster gäbe. In der Praxis ist dies nicht der Fall: Vielmehr gleichen sich die physiologischen Erregungsmuster bei verschiedenen Gefühlszuständen enorm. Zum Beispiel gehen Wut und

Angst mit einem erhöhten Puls und Blutdruck, geweiteten Pupillen, einer schnelleren Atmung und einer stärkeren Durchblutung der Muskeln einher. 1962 formulierte der amerikanische Psychologe Stanley Schachter (1922–1997) eine kognitive »Theorie der Bewertung«. Ihr zufolge ist physiologische Erregung zwar der Ausgangspunkt einer Gefühlsempfindung, die eigentliche Natur des Gefühls hängt jedoch von der Bewertung bzw. Interpretation dieser Erregung ab.

2

Alles Wissenswerte über

GEDÄCHTNIS UND DENKEN

Gedanken, Erinnerungen und Sprache sind Formen von »Kognition«, wie Psychologen sagen. Auf den ersten Blick erscheint es offensichtlich, dass Kognition das zentrale Anliegen der Psychologie sein sollte, doch in gewisser Hinsicht stellt sie eine existenzielle Bedrohung für den Anspruch der Psychologie dar, eine wissenschaftliche Lehre des Geistes zu sein. Wie sollen wir mit Gewissheit sagen, was in den Köpfen anderer vor sich geht? Sind wir überhaupt in der Lage, unsere eigenen Denkprozesse richtig zu verstehen?

STUDIUM DES INNEREN GEISTES

Die Geburtsstunde der Psychologie als unabhängiger Wissenschaft war das Jahr 1879, in dem der deutsche Arzt Wilhelm Wundt (1832–1920) an der Universität Leipzig das Institut für experimentelle Psychologie gründete. Wundts Antwort auf die Frage der »Subjektivität«, also der Unmöglichkeit, die Gedanken eines anderen objektiv beobachten zu können, war die Technik der »Introspektion«, bei der versucht wird, objektiv über die eigenen Denkprozesse zu berichten.

Wundt glaubte, dass ein hinreichend wissenschaftlicher Geist dazu ausgebildet werden könnte, ein leidenschaftsloser und wissenschaftlich präziser Beobachter der eigenen inneren Vorgänge zu sein. Der diesem Ansatz zugrundliegende Denkfehler löste heftige Gegenreaktionen aus, angeführt vom amerikanischen Psychologen John B. Watson (1878–1958) und seinem 1913 veröffentlichten Manifest *Psychology as the Behaviourist Views It.*

Watson argumentierte, dass die inneren geistigen Vorgänge nicht wissenschaftlich untersucht werden könnten. Studien könnten nur gültig sein, wenn sie das Beobachtbare, also das Verhalten, untersuchten. Diese psychologische Denkrichtung, der »Behaviorismus«, blieb über mehrere Jahrzehnte federführend, auch wenn einige Forscher schon früh nachweisen konnten, dass Einblicke in die Kognition möglich sind. Aus diesem Ansatz entwickelte sich die »kognitive Psychologie«, die komplizierte, experimentelle Methoden mit einem Informationsverarbeitungsmodell kombiniert. Sie basiert auf Konzepten, die seit den 1940er-Jahren von der Informatik entwickelt wurden, und versteht den Geist als eine Verarbeitungseinheit, die Eingangssignale (wie Wahrnehmungsreize oder Erinnerungen) verarbeitet und Ausgangssignale (Kognition und Verhalten) erzeugt.

Aufmerksamkeit

Der unmittelbarste und offensichtlichste Ausdruck von Kognition – und vom Bewusstsein selbst – besteht darin, zu einem beliebigen Zeitpunkt über etwas nachzudenken oder seine Aufmerksamkeit auf etwas zu richten. Aufmerksamkeit ist der Kern von »Bewusstsein« und wird von vielen Psychologen als Synonym zum breiteren, oft weniger fassbaren Begriff des Bewusstseins verwendet.

Shadowing

1953 dachte sich der Tontechniker Colin Cherry (1914–1979) ein geniales Experiment aus, mit dem er untersu-

Little Albert

Der Behaviorismus wurde dafür kritisiert, eher ein Dogma als eine Wissenschaft zu sein. Diese Ansicht wurde durch einen berühmten Vorfall in der psychologischen Forschungsgeschichte noch gestärkt. John B. Watsons bekannteste Studie war sein Little-Albert-Experiment über Konditionierung, das von Iwan Pawlow (1849–1936) inspiriert wurde. Der russische Wissenschaftler hatte mit einem Experiment bewiesen, dass Hunde darauf konditioniert (ausgebildet oder abgerichtet) werden können, bei einem Reiz wie dem Läuten einer Glocke Speichel abzusondern. Watson wollte nachweisen, dass dasselbe Verfahren auch auf Menschen übertragbar war. In seinem heute als ethisch fragwürdig anmutenden Experiment unternahm er einen Konditionierungsversuch an dem neun Monate alten Albert B., »Little Albert« genannt.

chen wollte, wie Menschen auf auditive Informationen achten, und was geschieht, wenn es mehrere Quellen oder Kanäle eingehender Informationen gibt. Besonders relevant war diese Frage für Berufe wie der Flugsicherung, da Controller irrelevante Geräusche/Sprache ausblenden und nur auf die wichtigsten (salienten)

Watson behauptete, Albert darauf konditioniert zu haben, eine weiße Ratte mit einem unangenehmen Reiz (einem lauten Geräusch) in Verbindung zu bringen, sodass das arme Kind schon beim Anblick einer Ratte Angstreaktionen zeigte – ebenso beim Anblick von weißen, pelzigen Dingen wie einem Kaninchen, einer Weihnachtsmannmütze und sogar Watsons Bart. Später stellte sich heraus, dass Little Albert in Wahrheit Douglas Merritte hieß, der wegen Wasserkopf unter einer kognitiven Störung litt, an der er im Alter von sechs Jahren starb.

Wahrscheinlich hatte Watson den Jungen ausgesucht, weil er im Vorfeld nicht auf Reize wie eine Ratte reagiert hatte – eine Störvariable, die die Studie ungültig machte. Obwohl Watson wusste, dass das Little-Albert-Experiment fehlerhaft war, setzte er seine spätere Karriere auf dieser Basis fort.

Informationen achten müssen. Im Experiment ging Cherry wie folgt vor:

- Die Versuchspersonen trugen Kopfhörer mit für beide Ohren unterschiedlichen akustischen Eingangssignalen. Er bat sie, nur eines davon zu beachten. Um sicherzustellen, dass sie ihre gesamte Aufmerksamkeit lediglich auf einen Kanal richteten, wies er sie an, die wahrgenommene Sprache begleitend nachzusprechen (engl. *to shadow*).

- Später wurde überprüft, ob sie etwas von der Tonspur auf dem anderen Ohr registriert hatten, und wenn ja, was.

- Wie sich herausstellte, können Menschen fast nichts von dem nicht beachteten Kanal wiedergeben. Auch wenn sie sagen können, ob es sich um Worte oder lediglich Töne gehandelt hat, und das Geschlecht des Sprechenden angeben können, wissen sie nicht, welche Sprache gesprochen wurde oder ob Nachrichten rückwärts abgespielt wurden – nicht einmal, ob lediglich ein Wort wiederholt wurde.

Im Jahr 1958 inspirierte diese Forschungsmethode den britischen Psychologen Donald Broadbent (1926–1993) dazu, ein Modell des entsprechenden kognitiven Prozesses zu entwerfen. Dabei bediente er sich eines Flussdiagramms mit Kästen und Pfeilen – ein konzeptuelles

Der unsichtbare Gorilla

Ein Experiment von 1959 zeigte auf, dass während einer Filmvorschau fast ein Drittel der Kinobesucher keine Notiz von einem Mann nahm, der als Geist verkleidet über die Bühne lief. Im Jahr 1999 führten Daniel Simons und Christopher Chabris eine aktualisierte Version dieses Experiments durch: Die Versuchspersonen sollten ein Video von einem Basketballspiel ansehen und die Pässe zwischen zwei Spielern zählen. Da ihre Aufmerksamkeit auf diese konkrete Aufgabe gerichtet war, bemerkte etwa die Hälfte der Testpersonen nicht, dass mitten im Spiel eine Person in einem Gorillakostüm über den Platz lief. Dieser »unsichtbare Gorilla« schien das Phänomen der so genannten »Unaufmerksamkeitsblindheit« zu belegen: Für das Bewusstsein sind Dinge nur dann »sichtbar«, wenn wir unsere Aufmerksamkeit auf sie lenken.

Paradigma, das richtungsweisend für die kognitive Psychologie werden sollte. In Broadbents Flussdiagramm gibt es mehrere Eingangskanäle von akustischen Informationen und ein Aufmerksamkeitsmodul, das als Filter fungiert und die wichtigsten Informationen auswählt. Diese werden anschließend zum Kortex weitergeleitet, um auf höherer Ebene verarbeitet zu werden.

Abgesehen vom wichtigsten Eingangskanal sind in Broadbents Modell alle weiteren Eingangskanäle blockiert. Aus diesem Grund konnte er jedoch eines der bekanntesten Phänomene auf seinem Gebiet nicht erklären: den Cocktailparty-Effekt, der Cherry erst zu seiner Forschung angeregt hatte und bei dem Menschen Hintergrundgeräusche ausblenden können, um sich nur auf eine Stimme zu konzentrieren. Durch Korrekturen des Modells wurden zusätzliche Verarbeitungsebenen und partielle Filter hinzugefügt, um der vor- oder unterbewussten Aufmerksamkeit Rechnung zu tragen, mit der der Cocktailparty-Effekt überhaupt erst erklärt werden kann.

GRUNDLAGEN ZUM GEDÄCHTNIS

Das Gedächtnis ist die Fähigkeit, sich Dinge zu merken, die man gelernt und erlebt hat. Die Erinnerung gehört zu den wichtigsten und grundlegendsten Elementen der menschlichen Psyche und stellt die Basis für alle menschlichen Errungenschaften dar. Der britische Neurobiologe Colin Blakemore (geb. 1944) wies darauf hin, dass es ohne Gedächtnis »weder Sprache noch Kunst noch Wissenschaft noch Kultur geben kann. Die Zivilisation selbst ist die Essenz der menschlichen Erinnerung.«

Hirnstrukturen und Gedächtnis

Erinnerung geht mit dem Speichern und Abrufen von Informationen einher und die meisten Hirnareale sind zu irgendeinem Zeitpunkt in beide Prozesse involviert. Zu den wichtigen Regionen gehören:

- Der Thalamus oberhalb des Hirnstamms bildet eine wichtige Koordinierungsstelle für die frühe Verarbeitung und Integration ankommender sensorischer Reize. Er ist die erste Anlaufstelle für eingehende Informationen im Gehirn und integriert Informationen von unterschiedlichen Quellen, um sie an die restlichen Hirnstrukturen weiterzuleiten. Als Eingangstor für eingehende sensorische Informationen spielt der Thalamus eine zentrale Rolle für das sensorische Gedächtnis.

- Der Hippocampus gehört zum limbischen System und ist für verschiedene Aspekte des Gedächtnisses von Bedeutung, darunter das Trainieren neuer Fertigkeiten, das Erlernen neuer Fakten sowie das Wiedererkennen von Gesichtern und Orten. Besonders wichtig ist er für eine spezifische Gedächtnisart, das Kurzzeit- oder Arbeitsgedächtnis.

- Die Amygdala spielt eine wichtige Rolle bei der Erzeugung von Emotionen. Außerdem wirkt sie unterstützend bei der Gedächtnisbildung und bei der Bewertung von Erinnerungen nach emotionalem Gehalt oder Bedeutung.

Man geht davon aus, dass Erinnerungen in der Großhirnrinde gespeichert werden, obwohl die Besonderheiten dieses Speichervorgangs wahrscheinlich überaus komplex und facettenreich sind. Vor den 1960er-Jahren wurde angenommen, dass die einzelnen Erinnerungen im Gehirn durch spezielle neuronale Netze repräsentiert wären, die in bestimmten Teilen des Cortexes zu finden sind. Nach dieser Theorie wäre es auch möglich, die physische Erinnerungsspur aus dem Cortex herauszuschneiden und die Erinnerung zu löschen.

In den 1960er-Jahren wurden Forschungen an Patienten von Gehirn-OPs durchgeführt. Jeder Patient blieb während der OP bei Bewusstsein, während die Oberfläche des Gehirns (der Cortex) offengelegt wurde. Durch die Stimulierung des Cortexes mit winzigen Elektroden konnten Chirurgen Erinnerungen auslösen, doch zu ihrer Überraschung konnten sie dieselbe Erinnerung ebenfalls auslösen, indem sie verschiedene Stellen stimulierten. Auf dieser Forschung basiert das Modell zum *Distributed Processing* (dt. »verteilte Verarbeitung«), nach dem Erinnerungen durch neuronale Netze repräsentiert werden, die nicht auf eine Stelle begrenzt sind, sondern im gesamten Cortex und anderen Hirnarealen verteilt liegen.

Pribrams holonome Gehirntheorie

Diese Theorie wurde 1969 vom österreichisch-amerikanischen Neurochirurgen und Psychiater Karl Pribram (1919–2015) um sein »holonomes« Gehirnmodell erweitert, das Erinnerungen im Gehirn wie Hologramme definiert. Bei einem Hologramm wird das Originalbild vollkommen anders aufgenommen als bei einem herkömmlichen Foto. Bei Letzterem speichert jeder Teil des Fotos die Informationen des entsprechenden Teils des Originals. Wenn man ein Foto in vier Teile schneidet, bildet jedes Viertel nur das entsprechende Viertel des Originalbildes ab. Bei einem Hologramm hingegen enthält jeder Punkt auf der Oberfläche des Hologramms eine Aufnahme des vollständigen Originals. Wenn man ein Hologramm zerstört, bildet daher jedes Einzelteil das vollständige Originalbild ab – wenn auch weniger deutlich als das gesamte Hologramm.

Pribram vertrat die These, dass eine Erinnerung im Gehirn ähnlich gespeichert wird wie ein Bild in einem Hologramm. Nach dieser Theorie wird eine Erinnerung über ein gesamtes Hirnareal verteilt gespeichert und jeder Teil dieses Areals kann genutzt werden, um die Originalerinnerung wiederherzustellen, auch wenn das gesamte Areal benötigt wird, um die Erinnerung mit vollständiger Klarheit abzurufen. Da laut Pribram jede Erinnerung durch ein einzelnes Hologramm repräsentiert wird (und das Gehirn daher mehrere holografische Regionen umfasst), wird das Modell nicht nur als holografisch, sondern als »holonom« bezeichnet.

Pribrams Theorie erklärt, warum der Verlust bestimmter Hirnteile – zum Beispiel durchs Älterwerden oder Alkoholkonsum – nicht mit dem vollständigen Verlust, sondern eher einer Verschlechterung der Erinnerung einhergeht. Sie verdeutlicht auch, warum wir uns manchmal nur vage an Vorfälle oder Begebenheiten erinnern, anstatt manche Teile des Vorfalls vollständig zu vergessen und andere klar im Gedächtnis zu behalten. Allerdings kann auch das Gegenteil stimmen: Vielleicht kann man sich nicht mehr an seinen ersten Strandaufenthalt erinnern – nur noch an den Geschmack seiner ersten Eiscreme. Pribrams Theorie lässt daher einige Fragen offen.

Gedächtnisarten

Eines der wichtigsten und einflussreichsten Gedächtnismodelle ist das »Drei-Speicher-Modell«, nach dem es drei primäre Gedächtnistypen oder -arten gibt: das sensorische Gedächtnis, das Kurzzeit- oder Arbeitsgedächtnis und das Langzeitgedächtnis.

Das sensorische Gedächtnis

Beim »sensorischen Register« handelt es sich um eine Art Zwischenspeicher, der Informationen aufnimmt, welche das Gehirn erstmals erreichen: Es ist das geistige Pendant zum Flash-Speicher eines PCs.

- Jede Sinnesmodalität verfügt über ein eigenes sensorisches Register und die verschiedenen Registerarten umfassen unterschiedliche Speichereigenschaften, doch alle speichern die Informationen nur für kurze Zeit.

- Das visuelle Gedächtnis speichert beispielsweise Bilder – »Icons«, wie sie im kognitionswissenschaftlichen Fachjargon genannt werden – für weniger als eine halbe Sekunde. Informationen, die im auditiven Gedächtnis gespeichert werden, heißen »Echos«.

- Das sensorische Gedächtnis dient als Puffer, in dem nur eine vorübergehende, vorbewusste Speicherung einer riesigen Menge von Daten erfolgt, von denen die meisten irrelevant oder ablenkend sind. So wird eine sensorische Reizüberflutung des Bewusstseins verhindert, während die ersten Phasen der mentalen Verarbeitung eingeleitet werden.

- Zuerst werden Informationen im sensorischen Gedächtnis identifiziert und analysiert, zum Beispiel bei Prozessen wie der »Mustererkennung«, bei der das Gehirn die sensorische Information bestimmten Mustern zuordnet, die bereits angelegt und im Gedächtnis gespeichert sind.

- Von der Menge an Informationen, die vorübergehend im sensorischen Gedächtnis gespeichert werden, schafft es nur ein winziger Bruchteil zur nächsten Erinnerungsstufe: dem Kurzzeitgedächtnis. Die »Rohdaten« werden von den Aufmerksamkeitsmechanismen (siehe Seite 43 ff.) gefiltert.

Kurzzeitgedächtnis

Hier werden Informationen gespeichert, die man im Hier und Jetzt benötigt. Das Kurzzeitgedächtnis wird manchmal als ein »mentaler Arbeitsspeicher« beschrieben, wobei dieser praktische Aspekt auch im Synonym »Arbeitsgedächtnis« zum Ausdruck kommt. Ein klassisches Beispiel für die Funktionsweise des Kurzzeitgedächtnisses: Jemand nennt Ihnen eine Telefonnummer, die Sie sich merken müssen. Die Zahlenfolge wird nur so lange im Gedächtnis gespeichert, wie man sie benötigt. Im Kurzzeitgedächtnis gespeicherte Informationen haben eine begrenzte Lebensdauer. Wenn sie nicht geübt werden, indem man sie im Stillen wiederholt oder im Geist durchgeht, werden sie innerhalb weniger Sekunden verblassen oder ganz verschwinden. Ein anderer Prozess, der zu Informationsverlust im Kurzzeitgedächtnis führt, ist Interferenz. Dabei werden ältere Informationen von neuen »verdrängt«.

Bei Experimenten wurde untersucht, wie viel Menschen sich über einen kurzen Zeitraum merken können. Wie sich herausstellte, können wir uns an mehr erinnern, wenn die Informationen in verschiedenen Formaten präsentiert werden (zum Beispiel Wortlisten zusammen mit Bildfolgen anstatt nur zwei Wortlisten). Dies deutet darauf hin, dass es tatsächlich mehrere Arten oder Teilsysteme von Kurzzeitgedächtnis gibt.

- Zu den wichtigsten gehören anscheinend das Kurzzeitgedächtnis für visuelle Eindrücke und verbale oder auditive Reize.

- Ersteres wird manchmal auch »räumlich-visueller Notizblock« genannt und ähnelt einem mentalen Whiteboard. Hier werden Bilder oder kognitive Karten gespeichert, damit andere geistige Funktionen – wie Vorausplanen – auf die Information zurückgreifen können.

- Das am besten erschlossene Teilsystem des Kurzzeitgedächtnisses ist die phonologische Schleife, in der »Phoneme« (auditive Informationen) gespeichert werden. In der Regel sind damit die Silben gemeint, aus denen Sprache besteht, aber auch Zahlen oder einfach Geräusche.

- Die phonologische Schleife selbst besteht aus zwei Komponenten: dem phonologischen Speicher, wo Informationen etwa zwei Sekunden lang gespeichert werden, und dem artikulatorischen Kontrollprozess, bei dem die im Speicher aufbewahrten Informationen in einer Schleife wiederholt werden – jedoch subvokal, also ohne die Wörter/Geräusche auszusprechen. Dadurch wird die im Speicher aufbewahrte Information aufgefrischt, sodass sie korrekt bleibt, was für das einwandfreie Funktionieren von Sprachfähigkeiten wie dem Verknüpfen von Geräuschen mit Bedeutung oder dem Erlernen neuer Wörter wichtig ist.

- Neben dem räumlich-visuellen Notizblock und der phonologischen Schleife deutet einiges darauf hin, dass es spezielle Teilsysteme des Kurzzeitgedächtnisses für Bedeutung, Gerüche und – bei tauben Menschen – Zeichensprache gibt.

Enkodierung

Damit Informationen vom Kurz- ins Langzeitgedächtnis übergehen können, müssen sie enkodiert werden. Die Enkodierung entscheidet darüber, ob eine Erinnerung langfristig gespeichert wird oder einfach verblasst und für immer verlorengeht. Von ihr hängt ebenfalls ab, wie lange und sicher und in welcher Form eine Erinnerung gespeichert und abgerufen wird und wie leicht sie später abrufbar ist. Man könnte auch die Frage stellen: Was entscheidet darüber, ob eine Erinnerung vom Kurz- ins Langzeitgedächtnis übergeht?

Zwei wesentliche Prozesse sind »Aufmerksamkeit« und *Rehearsal* (dt. »Wiederholung«). Sind Informationen im Kurzzeitgedächtnis irgendwie bedeutend oder auffällig – also interessant, wichtig und in positiver *oder* negativer Hinsicht emotional aufgeladen –, erregen und halten sie die Aufmerksamkeit. Damit man diese Informationen behält, leitet das Kurzzeitgedächtnis den Prozess des Rehearsals ein. Dabei werden vorübergehende Informationen unentwegt aufgefrischt, um nicht zu verblassen. Wiederholt man dies oft genug, beginnt der Übermittlungsprozess zum längerfristigen Speicher.

Um in das Langzeitgedächtnis des Gehirns überzugehen, muss eine Erinnerung enkodiert werden, d. h. als ein Set von Erinnerungselementen gespeichert werden, die später beim Abrufen der Erinnerung zusammengefügt werden können.

Doch …

- Enkodieren ist nicht einfach ein einstufiges Verfahren, sondern umfasst verschiedene Enkodierungsebenen, die unterschiedlichen Speicherebenen entsprechen.

- Zuerst wird beim Enkodieren eine Erinnerung an eine Art Zwischenspeicher des Gedächtnisses übermittelt, wo sie für einen Zeitraum von einer Stunde bis zu mehreren Tagen aufbewahrt werden kann. Wenn man die Information erneut abruft – indem man sie verwendet oder an sie erinnert wird – oder dem ursprünglichen Reiz noch einmal ausgesetzt ist, kommt es durch das zusätzliche Enkodieren zu einer längerfristigen Speicherung.

- Allerdings ist nicht jede Form von Enkodieren gleich effizient. Beim Enkodieren werden Erinnerungselemente mit anderen Erinnerungen oder bereits im Gehirn vorhandenen Erinnerungselementen verknüpft. Werden nur wenige solcher Verknüpfungen hergestellt, spricht man von einer oberflächlichen Enkodierung.

- Bei der tiefen Enkodierung hingegen werden viele starke Verbindungen zwischen der neuen

Erinnerung und bestehenden Erinnerungen geknüpft. Es ist zum Beispiel wahrscheinlicher, einen Strandtag im Gedächtnis zu behalten, der an einen Kindheitsurlaub oder einen besonders romantischen Tag erinnert (so wird er mit vielen weiteren Assoziationen verknüpft, die mit Liebe, Beziehungen etc. in Verbindung stehen).

Die magische Zahl

Eine der fundamentalen Forschungsarbeiten der kognitiven Psychologie stammt vom Harvard-Psychologen George Miller (1920–2012). In seinem Artikel *The Magical Number 7 Plus or Minus 2* von 1956 stellte Miller fest, dass die durchschnittliche Leistungsfähigkeit des Kurzzeitgedächtnisses – die Anzahl an Informationseinheiten, die es sich merken kann – aufgrund der Unterschiedlichkeit zwischen Individuen sieben plus oder minus zwei beträgt. Manche Menschen können sich im Kurzzeitgedächtnis bis zu neun Informationseinheiten merken, andere nur fünf. Wenn man also Listen mit Zahlen, Namen, Buchstaben etc. erhält und sie dann auswendig lernen soll, können die meisten Menschen

- Wer versteht, wie eine mathematische Formel abgeleitet wurde, kann sie sich wahrscheinlich besser merken. In diesem Fall wurde die Erinnerung tief enkodiert – wegen starker Assoziationen oder weil durch tiefes Verstehen Verbindungen geknüpft wurden. Tief enkodierte Erinnerungen werden sicherer gespeichert und leichter abgerufen.

sieben Dinge aufzählen, bevor einige Punkte vergessen werden. Die Anzahl von Elementen, die man sich auf diese Art und Weise merken kann, wird als »Gedächtnisspanne« bezeichnet. Diese magische Zahl bezieht sich nicht nur auf Zahlen, sondern alle Informationen, die sich in separate Informationspakete oder -einheiten aufteilen lassen, darunter Wörter, Ideen, Bilder, Geräusche oder Musiknoten.

Millers Forschung veranlasste Telefongesellschaften dazu, Telefonnummern auszugeben, die höchstens aus sieben Ziffern bestanden – Ortsvorwahlen ausgenommen. Heute setzen sich die meisten Mobilfunknummern in Deutschland aus einer allgemein bekannten Vorwahl und sieben bis acht Ziffern zusammen.

Langzeitgedächtnis

Es wird zwischen zwei Hauptarten des Langzeitge-
dächtnisses unterschieden: dem »deklarativen« und
dem »prozeduralen Gedächtnis«, auch »explizites«
bzw. »implizites« Gedächtnis genannt. Zu den deklarativen oder expliziten Erinnerungen zählt alles, was
man einfach weiß (z. B. die Namen von anderen Menschen, wohin man in Urlaub gefahren ist, wie viel ein
Laib Brot kostet oder wo man die Schlüssel hingelegt
hat). Manchmal wird es auch »Wissensgedächtnis« genannt oder mit »wissen, dass« umschrieben. In dieser
Gedächtniskategorie wird außerdem noch zwischen
dem »semantischen« und dem »episodischen« Gedächtnis unterschieden.

- Das semantische Gedächtnis beinhaltet Zahlen
  und Fakten, Namen und Wörter sowie die Fähigkeit, Gegenstände und Tiere wiederzuerkennen –
  Erinnerungen mit Bedeutungsgehalt. Es ist le-
  benswichtig, da wir uns so die Welt erklären und
  Sprache verstehen können.

- Das episodische Gedächtnis beinhaltet Dinge, die
  geschehen sind, darunter Ereignisse, Vorfälle, Situationen etc. Diese Kategorie besteht aus dem

autobiographischen Gedächtnis – den Erinnerungen an persönliche Erlebnisse – und ist grundlegend für den eigenen Identitätssinn.

Im prozeduralen oder impliziten Gedächtnis werden Kenntnisse, Fertigkeiten oder Handlungsweisen gespeichert – Handlungen, die man ausführt, ohne sich richtig daran erinnern zu können (zum Beispiel Laufen, Radfahren und Zähneputzen). Es wird manchmal als »Verhaltensgedächtnis« bezeichnet oder mit »wissen, wie« umschrieben. Das prozedurale Gedächtnis scheint ein vom deklarativen Gedächtnis separates System zu sein, da Menschen mit Amnesie Letzteres verlieren, Ersteres jedoch häufig bewahren. Menschen mit einer anterograden Amnesie, die keine neuen deklarativen Erinnerungen mehr bilden können, sind dennoch in der Lage, neue Fertigkeiten zu erlernen, auch wenn sie sich nicht daran erinnern können.

Erinnerung als Konstruktion

Erinnerungen sind nicht einfach wie Computerprogramme, die man unbegrenzt ausführen kann und dabei jedes Mal dieselbe Reaktion hervorruft. Ebenso wenig sind sie wie Negative, die man wiederholt belichten kann, um immer wieder dasselbe Bild zu erhalten. Eine

Erinnerung ist eine mentale Erfahrung in der Gegenwart, die aus Elementen konstruiert wird, welche auf die Vergangenheit verweisen. Zum Beispiel wird Ihre Erinnerung daran, Eis zu essen, von geistigen Repräsentationen von Süße, Kälte etc. konstruiert. Mit anderen Worten: Eine Erinnerung ist eine Rekonstruktion der ursprünglichen Erfahrung. Sich an eine Erfahrung zu erinnern ist ein bisschen so, als würde man eine virtuelle Erfahrung erleben, die konstruiert wurde, um wie das Original zu erscheinen. Dies erklärt, warum das Gedächtnis unzuverlässig sein kann und warum sich verschiedene Personen unterschiedlich an denselben Vorfall erinnern. Es ist sogar möglich, dass sich Menschen an Dinge erinnern, die nie geschehen sind, was am Phänomen der Fehlattribution liegt. Ein typisches Beispiel: Wir erinnern uns an etwas, das wir im Fernsehen gesehen haben, und denken, es wäre uns geschehen.

Vergessen

Vergessen kann sich auf alle möglichen Ausfälle beziehen, die sich in einer Phase des oben beschriebenen Erinnerungsprozesses ereignen – vom Abbau oder der Beeinträchtigung des Kurzzeitgedächtnisses bis zur fehlgeschlagenen Enkodierung bzw. Erinnerungsübermittlung vom Kurz- ins Langzeitgedächtnis. Es kann auch mit dem Unvermögen einhergehen, eine Erinnerung wiederzufinden oder abzurufen, obwohl diese immer noch gespeichert ist. Eine einfache Veranschaulichung: Personen sollen sich Beispiele für Kategorien merken und die Beispiele dann aufschreiben. Wenn sie vor einem leeren Blatt Papier sitzen, vergessen sie wahrscheinlich mehrere Beispiele, doch wenn sie über eine Überschriftenliste der Kategorien verfügen, fällt es ihnen leichter, sich an die zuvor scheinbar vergessenen Beispiele zu erinnern. Eine extremere Variante: Jemand beginnt im Fieberwahn fließend in einer Fremdsprache zu sprechen, die er seit seiner Kindheit nicht mehr verwendet hat. Solche Vorfälle werfen die Frage auf, ob etwas richtig vergessen werden kann.

Eine weitere Theorie des Vergessens ist der freudsche Ansatz, der Vergessen als »motivierten« Prozess versteht, also als einen Prozess des Verdrängens, bei dem das Unterbewusste Erinnerungen aus unterschiedlichen Gründen absichtlich verdrängt. Doch unabhängig davon, ob Vergessen auf einen tatsächlichen Verlust von Erinnerungsspuren oder einfach auf das Unvermögen, Erinnerungen abzurufen, zurückzuführen ist –, im Allgemeinen wird angenommen, dass es einen evolutionären oder adaptiven Nutzen hat. Dabei

wirkt Vergessen als Mechanismus, der wichtige und/
oder nützliche Erinnerungen auswählt und verhindert,
dass diese in einer Flut unbedeutender Erinnerungen
verlorengehen.

SPRACHE UND DENKEN

Der antike griechische Historiker Herodot (um 485–
425 v. u. Z.) verfasste als einer der Ersten eine Legende
über den ägyptischen Pharao Psammetich I. (Herr-
schaft von 664–610 v. u. Z.), der die Entstehung von
Sprache untersuchte. In einem Experiment mit Kindern durfte nicht mit ihnen gesprochen werden, sodass
sie von Geburt an keine Erfahrungen mit Sprache hatten. Dieselbe Geschichte wurde später über den Groß-
mogul Akbar (1542–1605), den römischen Kaiser Fried-
rich II. (1194–1250) und den schottischen König Jakob
I. (1566–1625) erzählt.

Diese Herrscher sollen nach der ersten oder ursprünglichen Sprache gesucht haben und gingen von
der Annahme aus, dass im menschlichen Gehirn eine
Art Sprache veranlagt sein müsse. Die schottischen
Kinder, die ausschließlich auf einer Insel lebten und
nur einen stummen Schäfer und seine Herde als Gesellschaft hatten, sollen angeblich Hebräisch gespro-

chen haben, obwohl der schottische Schriftsteller Sir Walter Scott (1771–1832) skeptisch bemerkte: »Wahrscheinlicher ist, dass sie wie ihr stummer Hirte brüllten oder wie die Ziegen und Schafe auf der Insel blökten.« Natürliche Experimente dieser Art, bei denen vernachlässigte wilde Kinder ohne Sprache aufwuchsen, scheinen Scotts Vermutung zu bestätigen: Sie belegen, dass keine Sprache von selbst auftritt.

Denken ohne Worte

Manche psychologische Schulen vertraten die These, dass Denken von Sprache abhängig sei und durch diese bestimmt werde – eine Position des linguistischen Determinismus. Ein Vertreter dieser Ansicht war der Behaviorist John B. Watson, der argumentierte, dass Denken im Grunde wie lautloses Sprechen sei, das durch »Subvokalisieren« (nicht wahrnehmbares Schwingen der Stimmbänder) erzeugt werde. Diese Theorie des »Peripheralismus« geht davon aus, dass Denken ohne die Fähigkeit zu reden nicht möglich ist.

Die einflussreichste These des linguistischen Determinismus war die Sapir-Whorf-Hypothese zu linguistischer Relativität. Sie wurde nach zwei Linguisten und Anthropologen benannt, die argumentierten, dass Kognition grundlegend von den Vokabeln unterschiedlicher Kulturen beeinflusst werde. Zum Beispiel vertrat Benjamin Lee Whorf (1897–1941) die vielbeachtete These, dass die Inuit über mehr als zwanzig verschiedene Wörter für Schnee verfügen (oder fünfzig, wenn man der *Washington Post* glaubt) und Schnee daher anders wahrnehmen könnten als durchschnittliche europäische Muttersprachler. Die meisten Thesen von Edward Sapir (1884–1939) und Whorf wurden mittlerweile widerlegt – auch durch die Tatsache, dass es nicht allzu schwierig ist, aus den Inuit-Sprachen ins Englische zu übersetzen.

Zudem wird der linguistische Determinismus durch interkulturelle Studien über Farbwörter und -wahrnehmung weiter geschwächt. Obwohl viele Kulturen und Sprachen über weniger Grundwörter für Farben verfügen als das Englische, haben Studien gezeigt, dass Personen aus diesen Kulturen genauso viele Farben erkennen können wie Menschen aus Kulturen mit mehr Farbbegriffen. Mit anderen Worten: Kognition – in diesem Fall Farbwahrnehmung – hängt *nicht* von Sprache ab.

KÜNSTLICHE INTELLIGENZ (KI)

Eines der wichtigsten Teilgebiete der kognitiven Psychologie ist die Künstliche Intelligenz, auch »Artifizielle

Intelligenz« (AI) genannt. Sie basiert auf der Idee, dass Maschinen (am ehesten Computer) intelligent sein können, obwohl unklar ist, ob damit menschliche oder eine andere Form oder Ebene von Intelligenz gemeint ist. Außerdem stellt sich die Frage, wie man menschliche Intelligenz überhaupt definieren kann.

Wie können wir wissen, ob eine Maschine über ein gewisses Maß an Intelligenz verfügt? Die KI-These wird durch die Philosophie des »Funktionalismus« gestützt, nach der das Gehirn lediglich eine Maschine ist und Geist und Bewusstsein funktionelle Zustände dieser Maschine darstellen. Es besteht eine offensichtliche Analogie zur Informatik, die nach funktionalistischer Manier das Gehirn als Hardware und den Geist als Software definiert. Ein wichtiges Prinzip der Informatik besagt, dass Software wie ein Computerprogramm mehrfach verwendbar ist, also auf mehr als einer Hardware ausgeführt (installiert und abgespielt) werden kann. Wenn menschliche Intelligenz eine Art Software ist, die für gewöhnlich im Gehirn ausgeführt wird, kann sie vielleicht auch mit anderer Hardware verwendet werden, zum Beispiel einem Computer. Diese These der KI-Theorie wird »starke KI« genannt: Ihr zufolge können Maschinen über eine ähnliche Art von Intelligenz und Bewusstsein verfügen wie Menschen. Die »schwache KI« geht hingegen davon aus, dass Maschinen wie Computer dazu genutzt werden können, menschliche Intelligenz zu formen und zu testen, nicht aber, dass Maschinen wie Menschen denken können.

Turing-Test vs. Chinesisches Zimmer

Viele grundlegende Fragen der KI bleiben ungeklärt, besonders diejenigen, die sich auf philosophische Aspekte wie das Wesen von Geist und Bewusstsein beziehen. Die beiden entgegengesetzten Standpunkte, ob man von starker KI spricht oder nicht, werden von zwei Gedankenexperimenten veranschaulicht: Das Imitationsspiel von Alan Turing (1912–1954) und das Chinesische Zimmer von John Searle (geb. 1932).

Turing war ein britischer Mathematiker und Vorreiter der Informatik, der den Grundstein für die Theorie und Praxis elektronischer Rechner legte. Er argumentierte, dass die Frage nach der Intelligenz von Maschinen sinnlos sei und schlug stattdessen eine Art behavioristischen Ansatz vor. Dieser warf die Frage auf, ob das Verhalten eines Computers intelligent *erscheinen* könnte. Wenn ein Computer einen Menschen so erfolgreich nachahmen kann, dass jemand, der mit dem Computer Nachrichten austauscht, ihn nicht von einer echten Person unterscheiden kann, müssten wir laut

Turing dem Computer ähnliche Fähigkeiten zuschreiben wie einem Menschen.

Doch selbst wenn ein Computer den so genannten »Turing-Test« besteht, stellt sich die Frage, ob dies ein Zeichen von Intelligenz ist. Der amerikanische Philosoph Searle verneinte dies und schlug das Gedankenexperiment des Chinesischen Zimmers vor, in dem ein Mann in einem geschlossenen Raum Zettel mit chinesischen Schriftzeichen erhält. Der Mann versteht kein Chinesisch, doch indem er mehreren, für ihn muttersprachlichen Anleitungen folgt, kann er eine sinnvolle Antwort auf Chinesisch verfassen, die er durch einen Schlitz hinauswirft. Für einen Chinesen außerhalb des Zimmers sieht es so aus, als verstünde der Mann im Zimmer Chinesisch, auch wenn das nicht der Fall ist. Searle argumentiert, dass KI mit dem Mann im Chinesischen Zimmer zu vergleichen sei: Sie kann überzeugende Antworten geben, ohne diese zu verstehen.

Fachsprachlich ausgedrückt, fehlt es der KI an *symbol grounding* (dt. »symbolisches Fundament«), also an symbolischer Verankerung in der realen Welt. Im weiteren Sinn enthält das Chinesische-Zimmer-Argument die implizite These, dass eine Maschine nie genauso bewusst sein kann wie ein Mensch, da sie niemals Bedeutungen verstehen noch Absichten haben kann.

3

Alles Wissenswerte über

PERSÖNLICHKEIT
UND INTELLIGENZ

Was zeichnet die Psyche eines Individuums aus? Die Erforschung von der Persönlichkeit und Intelligenz wird »Differenzielle Psychologie« genannt, da sie sich mit der Frage beschäftigt, wie sich die Eigenschaften und Charakterzüge von Individuen unterscheiden. Besteht Persönlichkeit aus einer Reihe an recht stabilen, beständigen Eigenschaften, unabhängig von sich verändernden Umständen? Oder ist Verhalten durch Umstände bedingt, sodass Persönlichkeit von wechselnden Situationen abhängt und somit wandelbar und unbeständig ist? Der Konflikt zwischen diesen beiden Positionen wird auch als »Person-Situation-Debatte« oder »Konsistenzkontroverse« bezeichnet. In der etablierten Differenziellen Psychologie geht man weitestgehend davon aus, dass stabile Grundeigenschaften vorhanden sind.

PHRENOLOGIE

Einer der ersten Versuche, eine wissenschaftliche Lehre des Geistes und der individuellen Eigenschaften zu entwickeln, wird heutzutage weithin als lächerliche Pseudo-Wissenschaft abgetan: Phrenologie, »die Lehre des Geistes«, die auf einen ähnlichen Wortstamm wie »Psychologie« zurückgeht. Phrenologie ist die Kunst und Wissenschaft, durch die Analyse der äußeren Schädelstruktur geistige Eigenschaften zu messen und auszuwerten.

Die zentrale These lautet, dass »das Gehirn das Organ des Geistes« sei. Sie geht auf die Arbeit des Wiener Arztes Joseph Gall (1758–1828) zurück, der Experte für Schädelanatomie war. Inspiriert von einer Anekdote, die eine Verbindung zwischen hervortretenden Augen und dem Erinnerungsvermögen herstellte, nahm er weitere Verbindungen zwischen geistigen Fähigkeiten und der Physiognomie – insbesondere der

Schädelform – an. Dies führte zu seiner Theorie der Organologie bzw. der Physiologie des Gehirns. Zu den revolutionären Aspekten dieser Theorie gehört die Annahme, dass das Gehirn der Sitz des Geistes ist und geistige Eigenschaften wie die Persönlichkeit von der Hirnstruktur bestimmt werden.

Bis hierhin stimmt die Phrenologie eins zu eins mit der modernen Psychologie überein, welche sie geprägt und mitbegründet hat.

- Wie moderne Psychologie geht Phrenologie davon aus, dass geistige Funktionen im Gehirn zu verorten sind, d. h. verschiedene Hirnteile werden unterschiedlichen Fähigkeiten zugeordnet.

- Phrenologie unterscheidet sich jedoch von der Psychologie in der Annahme, dass die Größe und Entwicklung dieser verschiedenen Hirnorgane die Schädelform direkt beeinflussen, sodass ein Fachmann durch das Messen der Schädelform die verschiedenen Hirnorgane bestimmen kann.

- Anders gesagt: Durch das Abtasten der Schädelform soll es möglich sein, die Persönlichkeit und geistigen Fähigkeiten einer Person »abzulesen«.

- Phrenologen haben eine Liste mit allen möglichen Fähigkeiten oder Eigenschaften erstellt, die man angeblich vom Schädel ablesen kann – vom »Hang zum Diebstahl« über »erhöhten Fortpflanzungstrieb« bis zu »liebevollem Verhalten gegenüber Nachkommen« und »religiöser Gesinnung«.

- Es wurde sogar behauptet, dass solche Eigenschaften durch verschiedene Übungen kultiviert oder gezügelt werden könnten – ein interessanter Ansatz auch für bis heute andauernde Debatten über die Frage, ob die Natur des Menschen durch Erziehung nachhaltig geändert werden kann.

Auch wenn die Denkfehler, denen die Phrenologie unterlag, irgendwann offensichtlich wurden, hat sie viel dazu beigetragen, sowohl die Lehre des Geistes und des Gehirns als auch die Kategorisierung und Messung von Persönlichkeitseigenschaften als legitimen Wissenschaftszweig zu etablieren.

PERSÖNLICHKEITSDIMENSIONEN

Das Hauptanliegen der Differenziellen Psychologie ist die Identifizierung und Vermessung von Persönlichkeitseigenschaften oder -dimensionen. Dieses Fachgebiet, manchmal auch »psychometrischer Ansatz« genannt, wurde von dem exzentrischen viktorianischen Wissenschaftler Francis Galton (1822–1911) gegründet. Im Allgemeinen umfasst die Psychometrie statistische Analysen von Tests zu verschiedenen Eigenschaften, mit denen grundlegende Prinzipien oder Dimensionen identifiziert werden sollen.

Psychometrie und die »Big Five«

Im Jahr 1936 erarbeitete der amerikanische Psychologe Gordon W. Allport (1897–1967), Mitbegründer der Persönlichkeitspsychologie, über 18.000 Begriffe, die persönliche Charaktereigenschaften beschreiben. Als er diese Liste auf Definitionen von Grundeigenschaften reduzierte, blieben immer noch fast 5000 Begriffe übrig. Allport unterschied zwischen *common traits* (dt. »gemeinsame Eigenschaften«), die jeder mehr oder weniger besitzt, und *individual traits* (dt. »individuelle Eigenschaften«).

Obwohl Allport gegen eine Psychologie argumentierte, die sich lediglich auf die gemeinsamen Eigenschaften beschränkt (nomothetischer Ansatz), sollten sich differenzielle Psychologen später genau darauf konzentrieren.

Es wurden Testreihen mit Individuen durchgeführt und die statistische Analyse ihrer Werte ergab, dass Tests oder Fragen, die scheinbar zu unterschiedlichen Eigenschaften oder Faktoren gehören, tatsächlich verwandte oder identische Faktoren beleuchten. Zum Beispiel:

- Konservatismus, Neugier und Kreativität erschienen zwar wie verschiedene Eigenschaften, doch häufig erzielen Testteilnehmer in Bezug auf diese

Francis Galton – ein unverbesserlicher Vermesser

Galton, ein Verwandter von Charles Darwin (1809–1882) und angesehener Wissenschaftler und Entdecker, war wie besessen von Messungen, was zwar häufig nützlich, aber manchmal auch sehr fragwürdige Formen annehmen konnte. Ein Beispiel war sein System, die Attraktivität von Frauen in Großbritannien zu bewerten, wovon er eine entsprechende Karte zeichnete. Er erstellte auch einen Europaatlas zu moralischer Vertrauenswürdigkeit, auf dem Großbritannien als der vertrauenswürdigste Ort und die Griechen und Türken als die schlimmsten Lügner verzeichnet waren.

Faktoren ähnliche Ergebnisse. Wer hohe Werte für Konservatismus erreicht, hat oft niedrige Werte für Neugier.

• Werden diese Faktoren bei einem Individuum getestet, stehen die Werte in Bezug zueinander, in einer Gruppe fallen sie eher unterschiedlich aus. Dies deutet daraufhin, dass scheinbar unabhängige Eigenschaften häufig unterschiedliche As-

Nach der Lektüre von Darwins Evolutionstheorien war Galton besonders beeindruckt vom Konzept der »künstlichen Zuchtwahl«. Diese Prinzipien wandte er auf eine neue Wissenschaft an, die er »Eugenik« nannte und die der »Verbesserung der menschlichen Rasse« dienen sollte.[1] Galton startete ein Testprogramm und nutzte eine Kabine, in der Teilnehmer verschiedene Tests absolvieren konnten, darunter wegweisende Tests zu Intelligenz und anderen psychologischen Aspekten. Galton bereitete auch den Weg für die statistische Analyse biometrischer Daten, indem er Begriffe wie »Korrelation« prägte, um in den Daten entdeckte Zusammenhänge zu beschreiben.

[1] Eine radikale Version der Eugenik war die nationalsozialistische »Rassenhygiene«, die die Vernichtung der so genannten »Fremdrassigen« vorsah und bis 1945 zur Ermordung von rund sechs Millionen Juden führte (Anm. d. Übers.).

pekte derselben Sache sind und dass ein einzelner Faktor mit diversen Eigenschaften verbunden ist.

- Nach statistischen Analysen von Tests zu vielen verschiedenen Eigenschaften basieren diese auf einer viel kleineren Anzahl fundamentaler Faktoren.

- Und da die Testwerte für diese Eigenschaften unter ein breiteres Spektrum fallen, werden diese Faktoren oft »Dimensionen« genannt.

- Eigenschaften wie Konservatismus, Neugier und Kreativität werden neben anderen wie Kultiviertheit oder analytische und künstlerische Neigung mit einem tieferliegenden Faktor verknüpft, den differenzielle Psychologen »Offenheit« nennen.

In der Psychologie herrscht Konsens über die fünf Hauptdimensionen von Persönlichkeit, die *Big Five*: Extraversion, Verträglichkeit, Gewissenhaftigkeit, Neurotizismus oder emotionale Stabilität und Offenheit. Ob Intelligenz als Persönlichkeitseigenschaft hinzugefügt werden sollte, ist umstritten, doch sie ist ebenfalls eine Dimension oder ein Spektrum. Manchen Analysen zufolge variiert Intelligenz je nach Offenheit oder korreliert damit.

Pole der Big-Five-Dimensionen

Extraversion	Introversion
Gesprächig, sozial, gesellig, aufdringlich, prahlerisch, arrogant, durchsetzungsfähig, selbstbewusst, ausgeglichen, abenteuerlustig, enthusiastisch, lebhaft, fröhlich, demonstrativ, dramatisch, laut, ungehobelt	Schüchtern, scheu, zurückgezogen, ruhig, nach innen gekehrt, nachdenklich, vorsichtig, bescheiden, bedrückt, sanftmütig, einsam, reserviert, zurückhaltend, lustlos, zaghaft, genügsam, wortkarg, unsicher
Gewissenhaftigkeit	**Verantwortungslosigkeit**
Zuverlässig, ordentlich, angespannt, fleißig, verantwortungsbewusst, ordentlich, pedantisch, standhaft, solide, gewissenhaft, ausdauernd, hartnäckig, organisiert, ethisch, pflichtbewusst, sittenstreng, arbeitsam	Fröhlich, locker, entspannt, unorganisiert, launisch, zügellos, unbeständig, sorglos, unordentlich, skrupellos, ziellos, ungeduldig
Offenheit	**Verschlossenheit**
Originell, tiefgehend, komplex denkend, kreativ, einfallsreich, großzügig, rebellisch, künstlerisch, nicht konform, offen für Mehrdeutigkeiten, unabhängig, hinterfragend, unberechenbar	Konservativ, traditionell, für klare Sachverhalte, altmodisch, engstirnig, konform, einfallslos, vorhersehbar, konventionell, gegen Veränderung, geradlinig, spießig
Verträglichkeit	**Widerstand**
Gutmütig, entgegenkommend, vertrauensvoll, altruistisch, hilfsbereit, freundlich, zärtlich, mitfühlend, sanftmütig, sympathisch, nachgiebig	Reizbar, durchsetzungsfähig, eigensinnig, kritisch, widerstreitend, feindselig, misstrauisch, egoistisch, hart, eifersüchtig, eigensinnig, argwöhnisch, zynisch, mürrisch, hartnäckig, kalt, streitlustig
Neurotizismus	**Emotionale Stabilität**
Ängstlich, unsicher, depressiv, sorgenvoll, befangen, angespannt, schuldbewusst, negativ, weinerlich, selbstzweifelnd, geringes Selbstwertgefühl, selbstmitleidig, temperamentvoll, dünnhäutig, verletzlich	Ausgeglichen, selbstbewusst, selbstsicher, dickhäutig, ruhig, objektiv, gelassen, bedächtig, kontrolliert, kühl, gefasst, gleichmütig

Extraversion-Introversion

Das Big-Five-Modell ist zwar die dominierende, doch nicht die einzige Methode, die dazu entwickelt wurde, um Persönlichkeitseigenschaften zu kategorisieren oder zu gruppieren. Zu weiteren einflussreichen Modellen gehören der Sechzehn-Persönlichkeitsfaktoren-Test des britisch-amerikanischen Psychologen Raymond Cattell (1905–1998) und die Typenlehre des deutsch-britischen Psychologen Hans Eysenck (1916–1997), der zu Lebzeiten der meistzitierte Psychologe der Welt war. Nach Eysenck sind Verträglichkeit und Gewissenhaftigkeit Aspekte einer tieferliegenden Persönlichkeitsdimension, die er »Psychotizismus« nannte und die zu einem Drei-Faktoren-Modell mit den Dimensionen Neurotizismus-Stabilität und Extraversion-Introversion gehört.

Eysenck hat viel geleistet, um das Konzept der Extraversion-Introversion bekannt zu machen, auch wenn die Begriffe selbst auf den Schweizer Psychoanalytiker Carl Gustav Jung (1875–1961) und sein 1921 veröffentlichtes Buch *Psychologische Typen* zurückgehen. Eysenck analysierte Persönlichkeitsdaten von 700 Veteranen, die bei ihm in Behandlung waren, und gelangte zu dem Schluss, dass die Abweichungen in ihren Werten größtenteils auf einen grundlegenden Faktor zurückgeführt werden konnten. Jungs Terminologie der Extra- und Introversion übernehmend, nannte Eysenck diesen Faktor »E«.

- Seiner Überzeugung nach musste ein derart wichtiger psychologischer Bestimmungsfaktor eine biologische Grundlage haben oder – anders ausgedrückt – im Gehirn veranlagt sein.

- Eysenck glaubte, dass die »E«-Werte oder -Punkte von der kortikalen Erregung oder Erregbarkeit einer Person abhängen – also der Intensität der Hirnaktivität und der Geschwindigkeit der Informationsverarbeitung.

- Introvertierte erleben ein höheres Niveau an kortikaler Erregung und sind daher empfindlicher gegenüber äußeren Reizen, die ihre Fähigkeit, Informationen zu verarbeiten, überlasten können. Dementsprechend versuchen sie, sich nur begrenzt Reizen auszusetzen, indem sie soziale Kontakte und Aufregung reduzieren.

- Extravertierte hingegen haben ein niedrigeres Niveau an kortikaler Erregung, was sie auszugleichen versuchen, indem sie ein höheres Niveau äußerer Stimulierung anstreben.

- Allerdings entkräftete der britische Psychologe Jeffrey Gray (1934–2004) diese Idee 1970 mit seiner *Reinforcement-Sensitivity*-Theorie. Danach

Essen, Bluten und die hūmorēs

Fast über die gesamte Antike und das Mittelalter hinweg war die von den antiken Griechen entwickelte »Humorallehre« das vorherrschende Paradigma, mit dem die Persönlichkeit und die menschliche Psychologie erklärt wurden. Die Körpersäfte (lat. *hūmorēs*) wurden mit einem allumfassenden System von Qualitäten und Elementen assoziiert, aus denen die Welt bestand. Die vier Elemente (Feuer, Erde, Wasser und Luft) und die vier Qualitäten (heiß, kalt, feucht und trocken) entsprachen demnach den vier Körpersäften: schwarze Galle (kalt und trocken), Schleim (kalt und feucht), gelbe Galle (heiß und trocken) und Blut (heiß und feucht).

Islamische Gelehrte überlieferten das Humoralsystem ins Mittelalter und die frühe Neuzeit – ebenso den Zusammenhang zwischen den Körpersäften und den

verfügen Extravertierte über ein empfindlicheres neurologisches Belohnungssystem, weshalb sie motivierter sind, soziale Interaktionen zu suchen. Sie ziehen daraus einen größeren Nutzen und erleben eine angenehme neurochemische Stimulierung.

vier grundlegenden Temperamenten: melancholisch, phlegmatisch (träge), cholerisch und sanguinisch (lebhaft). Man nahm an, dass Temperament durch das übermäßige Vorhandensein des entsprechenden Körpersaftes entsteht: Ein Übermaß an gelber Galle sollte zum Beispiel zu einem cholerischen (hitzigen und jähzornigen) Gemüt führen.

In Shakespeares *Hamlet* wird Ophelias Melancholie beispielsweise auf eine Austrocknung des Gehirns zurückgeführt. Psychologische Behandlungen erfolgten durch die Regulierung des entsprechenden Körpersaftes, den man zum Beispiel beim Aderlass abfließen ließ. Auch durch den Verzehr von Lebensmitteln oder die Einnahme von Heilmitteln wollte man seinen Qualitäten entgegenwirken (beispielsweise sollte der Verzehr von kalten, feuchten Lebensmitteln der heißen, trockenen gelben Galle entgegenwirken).

PSYCHODYNAMISCHE PERSÖNLICHKEITSTHEORIEN

Ein ganz anderer Zweig der Persönlichkeitspsychologie entstand aus der psychodynamischen Bewegung, die unter Freud begann und u. a. von Alfred Adler (1870– 1937) und Jung weiterentwickelt wurde. Ursprünglich hatte Freud topografische Konzepte der Psyche entwickelt und den geistigen Raum in Ebenen wie das Unbewusste, das Vorbewusste und das Bewusste unterteilt. Im Jahr 1920 stellte er sein einflussreiches »Strukturmodell« der menschlichen Persönlichkeit dar, das nach Freud aus drei Instanzen besteht: dem Ich, dem Über-Ich und dem Es.

Monster des Es

Freud beschrieb das Es als den Teil des Geistes, der angeborene, »animalische« Instinkte wie den Sexualtrieb oder die Libido umfasst. Letztere sah er als primäre Quellen psychischer Energie, die die Persönlichkeit formen. Das Es strebt Lust durch sofortige Befriedigung an und erlebt Schmerz, wenn dieses Bedürfnis unbefriedigt bleibt. Die äußere Welt lässt es vollkommen außer Acht.

Ein Neugeborenes ist reines Es, doch aufgrund von Konflikten mit der äußeren Welt entwickelt das heranwachsende Kind das Ich – die Exekutive, die versucht, die Ansprüche des Es durch Verhandlungen mit der echten Welt umzusetzen. Das Ich ist rational, aber vollkommen praktisch. Die Moral und Ethik der Familie und breiteren Gesellschaft sorgen für die Ausbildung des Über-Ichs, welches das Ich und das Es überwacht und Gedanken und Verhaltensweisen durch Schuld oder Stolz unterdrückt oder belohnt. Freud definierte eine erwachsene Persönlichkeit wie einen Eisberg: Das Ich und das Über-Ich befinden sich an der Oberfläche des Bewusstseins, doch der überwiegende Teil des Es liegt weiter unten im Unbewussten versteckt.

Adler und Jung

Freud hatte eine Reihe von Schülern, die Anwärter auf die Führungsposition der von ihm gegründeten Bewegung waren – der »Psychoanalyse« oder »Psychodynamik« (die Dynamiken der Psyche betreffend) –, nur um sich schließlich dramatisch mit ihm zu überwerfen, weil sie von seinem Dogma abwichen.

Der österreichische Arzt Alfred Adler lehnte mit der Zeit Freuds Beharren auf Sex als primärer Antriebskraft der menschlichen Persönlichkeit ab und glaubte stattdessen, dass Macht und Machtbeziehungen die Antriebskräfte der Persönlichkeit sind. Daraus entwickelte er Konzepte wie Geschwisterrivalität, die Bedeutung der Geburtsreihenfolge für die Persönlichkeitsentfaltung und den Minderwertigkeitskomplex. Adler argumentierte, dass die Entwicklung der Persönlichkeit von den Versuchen eines Kindes gelenkt werde, Minderwertigkeitsgefühle zu kompensieren oder zu vermeiden. Bei Erwachsenen, die im Umgang mit Minderwertigkeitsgefühlen gescheitert sind, entsteht ein fehlangepasstes System aus unbewussten Wünschen, Gedanken und Gefühlen, das die Funktionsweise des Bewusstseins verzerrt: ein »Komplex«, wie Psychoanalytiker sagen würden.

Auch Jung war ein Schüler, der sich schlimm mit seinem Mentor überwarf und Freuds Fokussierung auf Sex zurückwies. Für ihn war die Libido lediglich eine generelle Quelle psychischer Energie und die Persönlichkeit mehr als nur eine Gefangene der Vergangenheit.

- Jung glaubte, dass das ultimative Streben der Psyche in der »Individuation« besteht, einem Prozess der Selbstannahme und der erfolgreichen Integration der Persönlichkeitsanteile in ein harmonisches Ganzes.

- In Bezug auf die menschliche Persönlichkeit betonte er die Rolle von unbewussten Kräften oder Phänomenen, die er »Archetypen« nannte und die seiner Überzeugung nach zu einem kollektiven, gemeinschaftlichen Unbewussten gehören, das über das persönliche Unbewusste eines Individuums hinausgeht.

- Mithilfe dieser Archetypen, die vielleicht im menschlichen Gehirn angelegt sind, werden Gedanken, Gefühle und Wünsche angeregt und organisiert. Die Archetypen umfassen Persönlichkeitsmerkmale wie die Persona (Rollen oder Masken, die Menschen als Reaktion auf verschiedene Situationen oder Zeichen einnehmen), den Schatten (die dunkle Antithese zur Persona) sowie Animus und Anima (männliche und weibliche Aspekte, die in der Psyche jeder Person enthalten sind).

INTELLIGENZ DEFINIEREN

Psychologen fällt es schwer, sich auf eine Definition von Intelligenz zu einigen, doch das Messen von Intelligenz ist zu einem zentralen Anliegen der Differenziellen Psychologie geworden. Nach der vorherrschenden Definition ist Intelligenz die Fähigkeit eines Individuums, sich an seine Umgebung anzupassen. Eine gute Zusammenfassung stammt von einer Arbeitsgruppe der *American Psychological Association* aus dem Jahr 1996: Intelligenz ist »die Fähigkeit, komplexe Ideen zu verstehen, sich effektiv an die Umgebung anzupassen, aus Erfahrung zu lernen, sich in verschiedenen Formen logischen Denkens zu üben und Hindernisse durch Nachdenken zu überwinden.« Allerdings haben aufgrund der wichtigen Stellung von Intelligenztests operationale Definitionen von Intelligenz an Bedeutung gewonnen, d. h. Intelligenz wird über die Tests selbst definiert. Darauf bezieht sich auch der Psychologe Edwin Boring (1886–1968), wenn er sagt: »Intelligenz ist das, was Intelligenztests messen.«

Was ein IQ ist und was nicht

Der bekannteste Messwert von Intelligenz ist der Intelligenzquotient (IQ). Ein Quotient entspricht dem Verhältnis von zwei Größen. Ursprünglich als Messwert für die Intelligenz von Kindern entwickelt, galt ein IQ als das Verhältnis des geistigen Alters eines Kindes zu seinem Lebensalter, multipliziert mit 100. Wenn das geistige Alter eines Kindes genauso hoch ist wie dessen Lebensalter, liegt das Verhältnis bei 1 und der IQ genau bei 100. Diese Rechnung lässt sich nicht auf Erwachsene übertragen, da die intellektuelle Entwicklung in der Regel mit etwa achtzehn Jahren aufhört, das Lebensalter hingegen gleichmäßig steigt.

Heute definiert man einen IQ als das Verhältnis des Testergebnisses eines Individuums zu den durchschnittlichen Testergebnissen von Gleichaltrigen aus der Gesamtbevölkerung. Wer 100 Punkte beim Test erzielt, liegt daher im Mittelfeld der gewöhnlichen Punkteverteilung und ist durchschnittlich intelligent. Die Art der Referenzgruppe hängt vom IQ-Test selbst ab. Die beiden beliebtesten IQ-Tests sind der Stanford-Binet- und der Wechsler-Test. Wer auf der Wechsler-Skala 110 Punkte erreicht, hat einen Prozentrang von 75 und damit höhere Werte als 75 % der Bevölkerung. Nur eine von hundert Personen würde auf dieser Skala einen Intelligenzquotienten von 135 erreichen. Was ist also ein IQ-Test?

- In der Regel besteht er aus einer Auswahl von Fragen, die Fähigkeiten wie sprachlogisches Denken, Wortschatz, Kopfrechnen, Logik, visuelles Denken und mentale Rotation (das Drehen von Bildern vor dem geistigen Auge) überprüfen.

- Ein ordnungsgemäß validierter IQ-Test wurde mit tausenden Probanden durchgeführt. Aus ihren Werten wird eine Skala ermittelt, mit der die Testergebnisse verglichen werden.

- IQ-Tests sind nur die Momentaufnahme von einer zu einem bestimmten Zeitpunkt erbrachten Leistung und es ist nützlich, sich zu vergegenwärtigen, was IQ-Tests alles nicht messen. Zum Beispiel wird mit ihnen weder Wissen noch Weisheit noch Kreativität noch das Erinnerungsvermögen ermittelt, auch wenn diese eng mit dem Intelligenzquotienten verknüpft sein können. Das Erinnerungsvermögen, insbesondere das Kurzzeitgedächtnis, ist eine besonders wichtige Komponente von Intelligenz.

- Zudem messen IQ-Tests weder wertvolle persönliche Charakterzüge oder Eigenschaften wie Mitgefühl, Belastbarkeit, Disziplin oder Gerechtigkeitssinn, noch prüfen sie emotionale Fähigkeiten, die manchmal auch mit »emotionaler Intelligenz« beschrieben werden.

Allgemeine Intelligenz und reine Geisteskraft

Manche Psychologen gehen davon aus, dass Intelligenz fast dasselbe ist wie der Intelligenzquotient. Andere vertreten die These, dass Intelligenz nicht nur eine einzelne Eigenschaft bzw. ein einzelnes Merkmal darstellt und daher nicht mit einem einzelnen Wert ermittelt werden kann. Ein möglicher Ansatz besteht in der statistischen Analyse von Tests, die zu scheinbar unterschiedlichen Fähigkeiten durchgeführt werden. So kann man herausfinden, ob letztere in Wahrheit zu einer zugrundeliegenden Dimension gehören – wie im Fall der Big-Five-Persönlichkeitseigenschaften (siehe Seite 77 ff.).

Statistische Analysen der Testergebnisse von Personen mit unterschiedlichen Intelligenztypen deuten darauf hin, dass es einen gemeinsamen Faktor gibt: Wer in einem Test zu Sprachverständnis gut abschneidet, hat eine höhere Wahrscheinlichkeit, ebenfalls gute Ergebnisse in einem Mathetest zu erzielen. Dieser gemeinsame, so genannte »g-Faktor« (Generalfaktor der Intelligenz) ist ein Messwert für die reine Geisteskraft. Es besteht eine nützliche Analogie zu Rennautos:

- Unterschiedliche Rennautos verfügen über diverse Fahreigenschaften, Steuer- und Reifenarten etc., weshalb manche Autos besser auf unbefestigten Rallyewegen, andere besser auf herkömmlichen Rennstrecken abschneiden.

• Die unterschiedlichen Fahreigenschaften sind wie die Fähigkeit einer Person, mit unterschiedlichen Problemarten umzugehen (z. B. sprachlich versus logisch).

• Doch ein Faktor, der die Leistung aller Autos – unabhängig aller Unterschiede – erhöht, ist ein leistungsstärkerer Motor. Hier ist der »g-Faktor« das Äquivalent zur Motorleistung. So wie ein Rennauto mit einem leistungsstärkeren Motor – unabhängig der Strecke und Konditionen – wahrscheinlich mehr Rennen gewinnen wird, so hat auch jemand mit einem höheren »g-Faktor« bessere Chancen, gute Ergebnisse in unterschiedlichen Intelligenztests zu erzielen.

Der Flynn-Effekt

Dieses Phänomen entdeckte James Flynn (geb. 1934), ein Politikwissenschaftler an der University of Otago in Neuseeland. 1984 veröffentlichte Flynn die erste von mehreren Arbeiten, die auf eine merkwürdige Entwicklung aufmerksam machte, welche zuvor unbemerkt geblieben war: Die Unternehmen, die IQ-Tests herstellten und verkauften, mussten ihr Punktesystem kontinuierlich überarbeiten, um einen durchschnittlichen IQ von 100 zu erhalten, da die Teilnehmer jedes Jahr bessere Testergebnisse erzielten. Flynn deckte Folgendes auf: Um heute denselben IQ zu erhalten wie vor 20 Jahren, müsste man im gleichen Test eine viel bessere Leistung erbringen. Oder anders formuliert: Würde man dieselbe Punktzahl in genau dem gleichen Test erzielen, jedoch zwanzig Jahre später, würde man heutzutage einen bedeutend geringeren IQ erhalten.

Die kontinuierliche Überarbeitung des Punktesystems lag darin begründet, dass die Durchschnittsleistung anscheinend mit jedem Jahr besser wurde. Flynn entdeckte, dass Teilnehmer in den Industrieländern im Durchschnitt um etwa 0,5 IQ-Punkte pro Jahr besser abschnitten, was in dreißig Jahren 15 IQ-Punkten entspricht. Würde man ins Jahr 1945 zurückgehen und das heutige Punktesystem anwenden, das auf der durchschnittlichen Leistung heutiger Teilnehmer basiert, würde der Durchschnitts-IQ etwa bei 70 liegen, was heute an Lernbehinderung grenzt.

Da wir weder einen radikalen Anstieg von Genies noch der intellektuellen Leistungen insgesamt verzeichnet haben, die schulischen Anforderungen – nach Ansicht vieler – eher gesunken sind und der Bildungsstand niedriger ist als früher, lautet ein Erklärungsan-

Den »g-Faktor« im Gehirn lokalisieren

Da wenig Übereinstimmung darüber herrscht, was Intelligenz genau auszeichnet, ist es schwer zu bestimmen, wo sie im Gehirn eigentlich liegt. Wenn wir uns Intelligenz als eine Konstellation unterschiedlicher geistiger Funktionen und Fähigkeiten denken, können wir sagen, dass sie im gesamten Gehirn verteilt liegt, vorwiegend aber im Cortex, der faltigen äußeren Hirnschicht. Spezifischere Fähigkeiten können genauer lokalisiert werden – zum Beispiel sind abstrakte geistige Funktionen wie logisches Denken und Vorausplanen vorwiegend im präfrontalen Cortex zu finden. Der Sitz des »g-Faktors«, falls er überhaupt existiert, ist ein faszinierendes Geheimnis. Wahrscheinlich ist er aber nicht nur die Eigenschaft eines bestimmten Hirnteils, sondern bezieht sich auf ein allgemeines Merkmal wie die Übertragungsgeschwindigkeit von Impulsen zwischen den Neuronen oder eine angeborene Tendenz, mehr oder weniger leicht neuronale Verknüpfungen herstellen zu können.

satz, dass die Gehirne durch eine verbesserte Ernährung und Gesundheit leistungsfähiger geworden sind. Ein anderer besagt, dass die Menschen durch Fernsehen, Computerspiele, Zeitungsrätsel, Schultests etc. immer vertrauter mit Fragen wie denen von IQ-Tests geworden sind. Ein dritter lautet, dass Flynn einfach falsch gerechnet hat. Da es keine Beweise gibt, die eine dieser Erklärungen bekräftigen würden, bleibt der Flynn-Effekt weiterhin ein Mysterium.

Voraussagen und IQ

Um es noch einmal zu betonen: Der Intelligenzquotient ist nicht dasselbe wie Intelligenz und ignoriert viele andere Eigenschaften, die wichtig für Erfolg und Talent sind. Ein hoher IQ könnte jemandem weniger nutzen als beispielsweise Engagement und Disziplin. Eine faule Person mit einem hohen IQ wird vielleicht weniger Erfolg haben als eine gewissenhafte, fleißige Person mit einem niedrigen IQ. Doch auf Gruppen- und Bevölkerungsebene hat sich der IQ als bemerkenswert aussagekräftiger Messwert erwiesen, mit dem sich Leistungen auf verschiedenen Gebieten voraussagen lassen – vom akademischen Erfolg über Leistungsfähigkeit bis zu Gesundheit und Glück.

- Durchschnittlich erhalten Menschen mit einem höheren IQ bessere Noten und die Wahrscheinlichkeit ist für sie höher, eine Anstellung zu finden, mehr zu verdienen, öfter befördert zu werden, länger zu leben und gesünder zu bleiben – im Gegensatz zu denjenigen mit einem niedrigen IQ.

- Studien zur Nutzung von IQ-Tests als Auswahlkriterium für Stellenbewerber haben ergeben, dass deren Prognosefähigkeit in Bezug auf den Erfolg von Bewerbern genauso viel Aussagekraft besitzt wie ein ausführliches Bewerbungsgespräch und sogar noch mehr als andere Werte, zum Beispiel die Jahre an Berufserfahrung.

- Im Vergleich zu Personen mit 75 bis 90 IQ-Punkten besteht für diejenigen mit über 110 IQ-Punkten eine 88-mal geringere Wahrscheinlichkeit, die Schule abzubrechen, eine fünfmal geringere Wahrscheinlichkeit, in Armut zu leben, und eine siebenmal geringere Wahrscheinlichkeit, im Gefängnis zu landen.

IQ und ethnische Zugehörigkeit

Das wohl umstrittenste Thema in der gesamten Psychologie ist die Frage nach ethnischen Unterschieden in Bezug auf den IQ. Ein robustes (d. h. fehlerresistentes) Ergebnis der IQ-Forschungen lautet, dass verschiedene ethnische Gruppen im Durchschnitt unterschiedlich in IQ-Tests abschneiden. In Amerika, wo die meisten Forschungen stattfanden, erreichten Afro-Amerikaner im Durchschnitt eine niedrigere Punktzahl als Weiße, die wiederum schlechter abschnitten als Ostasiaten. Auch wenn eine Erklärung lauten könnte, dass IQ-Tests kulturell spezifisch und daher verzerrt sind, gibt es viele Beweise dafür, dass diese Ergebnisse auch bei kulturell neutralen Tests fortbestehen. Eine weitere Erklärung besagt, dass diese Ergebnisse sozio-ökonomische Herausforderungen und Ungleichheiten widerspiegeln, doch auch hier deutet die Analyse zur Kontrolle dieser Faktoren darauf hin, dass die Ergebnisse robust sind. Jetzt zur Kontroverse:

• Ein Grund für die Auseinandersetzung ist die Angst, dass sich Menschen mit bestimmten politischen und/oder ethnischen Inhalten auf diese Ergebnisse beziehen und behaupten könnten, dass staatliche Intervention wie die Förderung frühkindlicher Bildung wahrscheinlich wirkungslos sei, da schlechte Leistungen nicht durch die Umwelt, sondern genetisch bedingt seien.

- Allerdings spricht vieles gegen den genetischen Determinismus. Zum Beispiel sind der Sinn und die Gültigkeit einer ethnischen Kategorisierung – insbesondere auf genetischer Ebene – überaus bedenklich, nicht nur weil die Bevölkerung weltweit und besonders in Amerika bunt gemischt ist, sondern auch weil Wissenschaftler Mühe haben, auf genetischer Ebene zwischen Ethnien zu unterscheiden.

- Außerdem wird durch die Debatte um Ethnien und IQ in der Regel die Tatsache verschleiert, dass die Unterschiede – seien sie nun echt oder nicht – im Vergleich zur individuellen Variation sehr gering sind. Die Variation zwischen Individuen ist viel größer als die angenommene Variation zwischen Gruppen.

Typen von Intelligenz

Mit IQ-Tests werden verschiedene Fähigkeiten oder Denkarten geprüft, doch manche Psychologen gehen einen Schritt weiter und stellen die Kohärenz von Intelligenz als einheitlichem Konzept in Frage. Vielleicht ist Intelligenz ein ungültiger Oberbegriff für verschiedene und separate Fähigkeiten oder Funktionen. Der führende Vertreter dieser Denkrichtung der »multiplen Intelligenzen« ist der amerikanische Entwicklungspsychologe Howard Gardner (geb. 1943), der zwischen acht verschiedenen Intelligenztypen unterscheidet und sie in vier Kategorien unterteilt.

Ihm zufolge gibt es:

- zwei Typen von »denkender« Intelligenz: die sprachlich-linguistische und die logisch-mathematische,

- drei Typen von »sinnlicher« Intelligenz (die Sinne betreffend): die bildlich-räumliche, die körperlich-kinästhetische und die akustisch-musikalische Intelligenz,

- zwei Typen von »kommunizierender« Intelligenz: die intra- und die interpersonelle Intelligenz,

- und eine »naturalistische« Intelligenz.

Soziale und emotionale Intelligenz

Der amerikanische Psychologe E. L. Thorndike (1874–1949) prägte bereits 1920 den Begriff der »sozialen Intelligenz«. Er definierte ihn als die Fähigkeit, Menschen zu verstehen und Beziehungen zu ihnen herzustellen. Später wurde die Entwicklung des menschlichen Gehirns mit sozialer Intelligenz erklärt. Manche Theorien besagen, dass Menschen aufgrund ihrer fortschreitenden sozialen Fähigkeiten größere Gehirne ausgebildet haben: Da die Gesellschaft immer komplexer wurde, entstand ein größeres Bedürfnis nach einer verbesserten sozialen Intelligenz und damit auch nach größeren Gehirnen.

In den 1990er-Jahren legte man den Schwerpunkt zunehmend auf kognitive Fähigkeiten, also auf soziale oder kommunikative Fähigkeiten, die unter einem neuen Sammelbegriff zusammengefasst wurden: emotionaler Intelligenz. Sie spielt nicht nur eine zentrale Rolle in Beziehungen und allen Bereichen, in denen Menschen interagieren oder Gefühle wichtig sind, sondern ist auch unerlässlich für die Fähigkeit, die eigenen Emotionen, Bedürfnisse und Empfindungen zu beobachten, zu verstehen und zu steuern. Für Personen mit einem hohen Niveau an emotionaler Intelligenz besteht eine höhere Wahrscheinlichkeit, selbstbewusst, selbstsicher, ausgeglichen und erfüllt zu sein und besser mit anderen Menschen umgehen zu können. Sie leisten gute Arbeit als Verkaufsmitarbeiter, Manager, Teammitarbeiter und Leiter und kommen auch gut in Pflegeberufen zurecht.

4

Alles Wissenswerte über

GRUPPEN-
PSYCHOLOGIE

Die Erforschung der Denk- und Verhaltensweisen von Individuen in sozialen Situationen – in und als Gruppen – wird »Sozialpsychologie« genannt. Besonderen Aufschwung erhielt dieses Forschungsgebiet nach dem Zweiten Weltkrieg, als Psychologen vor der Herausforderung standen, zu erklären, wie Menschen sich so hatten verhalten können, besonders im Hinblick auf den Holocaust. Auch ein wachsendes Bewusstsein für Bürgerrechte und gesellschaftliche Veränderungen wie die Ablehnung von Konformität und Autorität führten zu einer neuen Fokussierung auf Themen wie Vorurteile und Rassismus.

GRUPPENDYNAMIKEN: DIE EAGLES UND RATTLERS

1954 wurden elf Jungen von zwölf Jahren mit dem Bus zu einem abgelegenen Boy-Scout-Camp im Robber's Cave State Park in Oklahoma gefahren. Nach mehreren Tagen des Kennenlernens dachte sich die Gruppe einen Teamnamen aus: die Rattlers. Dann erfuhren sie, dass einen Tag vor ihnen eine andere Gruppe von elf Jungen im Park angekommen war und sich die »Eagles« nannte. Unter der Leitung des türkisch-amerikanischen Sozialpsychologen Muzafer Sherif (1906–1988) hatten Wissenschaftler die zweiundzwanzig Jungen nach dem Zufallsprinzip auf die beiden Gruppen verteilt, doch alle bauten schnell eine starke Verbundenheit zum eigenen Team auf und zeigten ein recht aggressives Verhalten bei Sportwettbewerben um kleinere Pokale. Die Eagles verbrannten sogar die Fahne der Rattlers, wohingegen die Rattlers die Hütte der Eagles plünderten.

Bei anschließenden Befragungen sprachen die Minderjährigen von ihrer eigenen Gruppe in den höchsten Tönen, von der anderen hingegen sehr abfällig. Durch die zufällige Aufteilung von 22 vollkommen normalen Kindern in zwei willkürliche Gruppen hatte Sherif ein Szenario wie in *Herr der Fliegen* kreiert. Aufgrund dieses Experiments entwickelten Sherif und seine Kollegen die Theorie des realistischen Gruppenkonflikts, nach der der Wettbewerb um Ressourcen oder andere Konfliktformen der Ursprung von Vorurteilen ist und positive Zuschreibungen innerhalb der Gruppe sowie Feindseligkeit gegenüber Außenstehenden fördert.

Klee, Kandinsky und soziale Identität

Der polnisch-britische Sozialpsychologe Henri Tajfel (1919–1982) gelangte zu der Überzeugung, dass das Robber's-Cave-Experiment sogar noch einfacher erklärt werden kann als von Sherif angenommen. Bei seinem klassischen Experiment von 1970 konnte Tajfel Gruppenidentität mit seinem Minimalgruppenparadigma auf das Wesentliche reduzieren. Er teilte männliche Jugendliche in die beiden Gruppen Klee und Kandinsky auf. Die Zuteilung basierte angeblich auf den Vorlieben, die die Jungen beim Betrachten von Kunstwerken der abstrakten expressionistischen Maler Paul Klee und Wassily Kandinsky gezeigt hatten, war aber in Wahrheit rein zufällig. Jeder der Teenager bearbeitete dann einzeln eine Aufgabe, bei der sie sehr kleine finanzielle Belohnungen an ein Mitglied ihrer Gruppe (Eigengruppe) oder der anderen Gruppe (Fremdgruppe) verteilen mussten.

Tajfel fand heraus, dass die Jungen die Verteilung bevorzugten, die zu einer möglichst großen Differenz zwischen den Belohnungen der Eigen- und der Fremdgruppe führte, selbst wenn die Eigengruppe dadurch insgesamt weniger erhielt. Und das, obwohl die Jugendlichen nicht in Kontakt mit ihrer Gruppe und deren Mitgliedern standen und nichts über sie wussten. Auch als sie erfuhren, dass die Gruppenverteilung zufällig war, änderte sich nichts an ihrem Verhalten.

Aufgrund dieser Ergebnisse entwickelte Tajfel eine soziale Identitätstheorie, die beschreibt, wie ein einfacher Faktor wie Gruppenzugehörigkeit verschiedene Einstellungen und Konsequenzen hervorrufen kann.

• Die Zugehörigkeit zu einer Eigengruppe veranlasst Individuen dazu, nach Möglichkeiten zu suchen, sich von der Fremdgruppe zu unterscheiden, und ihr Selbstbild durch Diskriminierung der Fremdgruppe zu verbessern.

• Soziale Kategorisierung – die Einteilung der Welt in »sie« und »wir« und das Aufziehen von Gruppengrenzen – bewirkt soziale Identifikation, also die Annahme der zugeteilten Gruppenidentität. Dies führt wiederum zu ...

- sozialem Vergleich, d. h. man versucht das Selbstbewusstsein der Eigengruppe durch abfällige Vergleiche mit der Fremdgruppe zu stärken.

Die soziale Identitätstheorie besagt, dass Vorurteile eine unausweichliche Folge von sozialer Kategorisierung sind und allein ein Mangel an Selbstbewusstsein genügt, um Konflikte und Vorurteile entstehen zu lassen.

Soziale Kognition, Zuordnung und Voreingenommenheit

Doch wie sieht der Mechanismus hinter der sozialen Identitätstheorie aus? Warum sollten Menschen so anfällig für soziale Kategorisierung sein? Eine Antwort liegt in der Art und Weise, wie wir in sozialen Kontexten Zuschreibungen vornehmen, und im evolutionären Grundprinzip, das diese »soziale Kognition« formt.

Eine frühere These zu sozialer Kognition lautete, dass Menschen Entscheidungen – so wie ein Computer – aufgrund von Logik und Berechnung treffen würden. Allerdings denken Menschen nicht so. Wir treffen schnelle, chaotische Entscheidungen und wenden dabei eine – wenn überhaupt – unscharfe Logik an. Statt des sozialen Computermodells könnte die Hypothese des »kognitiven Geizhalses« treffender sein. Danach versuchen wir den Einsatz der kognitiven Ressourcen so gering wie möglich zu halten, indem wir auf so wenige Informationen wie möglich zurückgreifen und den Arbeitsaufwand so gering wie möglich halten. Zudem benutzen wir Abkürzungen und Faustregeln, um die kognitive Verarbeitung so effizient wie möglich zu gestalten. Solche Strategien werden »Heuristiken« genannt und ihre Anwendung konnte aus faszinierenden Erkenntnissen der Sozialpsychologie abgeleitet werden.

Unbewusste Vorurteile

Zentrale Eigenschaften stehen in Bezug zu einem ähnlichen Phänomen, dem »*Halo*-Effekt«. Dabei werden die positiven Zuschreibungen einer Eigenschaft auf andere Eigenschaften übertragen, so als hätte die Person oder Sache einen Heiligenschein (engl. *halo*), der auf ihre restlichen Eigenschaften abstrahlt. Dieses zuerst in 1907 beobachtete Phänomen wurde 1920 von Edward Thorndike als »Halo-Fehler« bezeichnet.

Ein klassisches Beispiel: Physisch attraktive Menschen werden nur wegen ihres Aussehens als intelli-

Die »zentrale Eigenschaft« und wie man Menschen beeinflusst

Im Jahr 1946 forderte der polnisch-amerikanische Psychologe Solomon Asch (1907–1996) seine Testteilnehmer dazu auf, eine Biografie zu lesen und die fiktive Person anschließend mit wenigen Adjektiven zu beschreiben. Danach sollten sie weitere, treffende Beschreibungen für den Hauptcharakter auswählen. Doch als Asch lediglich ein Wort in der Biografie veränderte und »warm« durch »kalt« ersetzte, stellte sich heraus, dass sich die Zuschreibungen über die fiktive Person dramatisch veränderten. Enthielt die Biografie das Adjektiv »warm«, kamen unter den Zuschreibungen Wörter wie großzügig, gesellig und humorvoll vor. Bei »kalt« hingegen, wurde der Protagonist als »gemein, verschlossen und humorlos« bezeichnet. Asch schlussfolgerte daraus, dass die Persönlichkeitsdimension kalt-warm eine so genannte »zentrale Eigenschaft« ist – ein Charakterzug, der starken Einfluss auf andere Zuschreibungen ausübt.

genter, freundlicher, kompetenter etc. eingeschätzt. Das Gegenteil des »Heiligenschein-Effekts« ist der »Teufelshörner-Effekt«, bei dem eine negative Zuschreibung weitere negative Zuschreibungen nach sich zieht. Zum Beispiel wurde nachgewiesen, dass Lehrer dieselbe Arbeit strenger bewerten, wenn sie glauben, dass sie nicht von einem Musterschüler, sondern von einem Problemschüler stammt. Varianten des Heiligenschein- und Teufelshörner-Effekts zeigen sich auch im Berufsleben, u. a. in rassistischen und sexistischen Vorurteilen: Männlichkeit kann beispielsweise mit positiven Eigenschaften wie Kontrolle, Kompetenz und Rationalität assoziiert werden, Weiblichkeit hingegen mit Emotionalität, Schwäche, Schüchternheit etc. Sogar Namen und Gesichter können automatische Urteile und Annahmen auslösen.

DAS BEDÜRFNIS NACH ANPASSUNG

Muzafer Sherif, berühmt geworden durch das Robber's-Cave-Experiment (siehe Seite 106 f.), schrieb in den 1920er-Jahren eine herausragende Doktorarbeit, in der er die Wirkungskraft von Gruppenzugehörigkeit und sozialer Interaktion bei der Herausbildung fundamentaler mentaler Prozesse wie Kognition untersuchte. Die Studie gestaltete sich wie folgt:

- Die Freiwilligen befanden sich in einem stockfinsteren Raum, in dem ein heller Lichtpunkt auf die Wand gestrahlt wurde. Der Punkt bewegte sich zwar nicht, doch in dem abgedunkelten Raum ohne Bezugsrahmen sah es für die Probanden so aus, als würde er sich bewegen. Diese optische Täuschung wird »autokinetischer Effekt« genannt, der auf unfreiwilligen, für gewöhnlich nicht wahrgenommenen Bewegungen der Augenmuskeln basiert.

- Als Sherif drei Versuchspersonen im Raum aufforderte, zu erklären, wie sich der Punkt ihrer Einschätzung nach bewegte, stellte sich heraus, dass sich ihre Einschätzungen schnell anglichen, obwohl die wahrgenommene Bewegung rein subjektiv war und daher für jeden Teilnehmer hätte unterschiedlich sein müssen.

- Jede Gruppe gelangte stillschweigend zu einer einvernehmlichen Einschätzung des Bewegungsablaufs, ohne dass ihre Mitglieder dazu aufgefordert worden wären oder darüber diskutiert hätten.

- Als die Teilnehmer eine Woche später individuell geprüft wurden, hielten sie an der ursprünglichen Einschätzung ihrer Gruppe fest, woraus Sherif schlussfolgerte, dass sie die stillschweigend vereinbarte Norm verinnerlicht hatten. Die Wirkkraft sozialer Kognition – in diesem Fall des Bedürfnisses, mit anderen übereinzustimmen – ist groß genug, um die Wahrnehmung zu beeinflussen.

Linienrichter

Ein bekannterer Nachweis eines ähnlichen Effekts sollte Solomon Aschs Konformitätsexperiment von 1951 werden. Asch forderte Testteilnehmer auf, die Länge einer Standardlinie mit drei Vergleichslinien in Beziehung zu setzen und einzuschätzen, welche davon genauso lang war wie die Referenzlinie. Die richtige Antwort lag auf der Hand. Allerdings war der Großteil der Teilnehmer von Asch angewiesen worden, die gleiche falsche Antwort zu geben. Wurde der Test in einer Gruppe durchgeführt, stellte sich heraus, dass im Durchschnitt ein Drittel der Versuchspersonen mit der Mehrheit übereinstimmte, obwohl diese offensichtlich falschlag. Drei Viertel der Teilnehmer passte sich mindestens einmal an und nur einer von vier verweigerte die Anpassung.

Das Experiment stand im Zeichen der Gräuelta-
ten des Zweiten Weltkriegs, der kurz zuvor stattgefun-
den hatte. Die große Frage lautete, warum so viele »ge-
wöhnliche« Deutsche die Nazis unterstützt hatten. Bei
einem Nachahmungsversuch der Studie im Jahr 1980
stellte sich heraus, dass sich nur bei einem von 396 Versuchen jemand dem falschen Urteil anschloss. Dies
deutet darauf hin, dass Aschs Ergebnisse ein Zeugnis
seiner Zeit waren und die ehrfurchtsvollere, konfor-
mistischere Mentalität der Menschen widerspiegelten.

Das Befolgen von Befehlen

Aschs Experiment war nur eines von mehreren sozialpsychologischen Experimenten, das sich mit der komplexen
Psychologie von Nazi-Kollaborateuren befasste. Zu den
umstritteneren Forschungen gehörten Milgrams Studie
zu Gehorsamsbereitschaft gegenüber Autoritäten und das
Stanford-Prison-Experiment (siehe Seite 117 ff.).

1961 suchte der amerikanische Sozialpsychologe
Stanley Milgram (1933–1984) in einer Anzeige nach
Männern, die an einer so genannten »Lernstudie« teil-
nehmen wollten. Folgendes geschah:

- Die Testteilnehmer wurden scheinbar zufällig in
  die Rollen von »Schülern« und »Lehrern« aufge-

teilt, obwohl in Wahrheit alle »Schüler« Vertraute von Milgram waren.

- Die Lehrer beobachteten, wie die Schüler an ein Elektroschockgerät angeschlossen wurden. Sie gingen in ein Nebenzimmer und wurden angewiesen, ein Elektroschockgerät zu bedienen (ohne zu wissen, dass es eine Attrappe war). Es gab 30 Schalter von 15 bis 450 Volt, die markiert waren mit Hinweisen wie 15 Volt = leichter Schock und 450 Volt = Lebensgefahr – schwerer Schock.

- Ein »Aufseher« mit Laborkittel forderte die Schüler auf, Fragen zu beantworten, und wies den unwissenden Testteilnehmer an, bei »falschen« Antworten Elektroschocks zu verabreichen.

- Als die Elektroschocks immer stärker wurden, konnte der Lehrer/Proband immer lautere (vorgetäuschte) Rufe und Schreie aus dem Nebenzimmer hören. Wenn er es ablehnte, die Schocks zu verabreichen, las der Aufseher einfach vorgefasste Aussagen vor wie: »Das Experiment verlangt von Ihnen, fortzufahren« oder »Es bleibt Ihnen nichts anderes übrig als fortzufahren«.

- Milgram fand heraus, dass zwei Drittel der Lehrer alle Schalter bis zur höchsten Voltstufe umlegten.

- »Die extreme Bereitschaft von Erwachsenen, auf den Befehl einer Autorität fast alles Erdenkliche zu tun«, schlussfolgerte Milgram, »ist das Hauptergebnis der Studie und eine Tatsache, die einer überaus dringenden Erklärung bedarf.« Heutzutage gilt das Milgram-Experiment als ethisch unzulässig und tatsächlich waren viele Teilnehmer danach zutiefst verstört.

Das Stanford-Prison-Experiment

Philip Zimbardo (geb. 1933) von der Stanford University in Kalifornien baute Milgrams Experiment zu Gehorsamsbereitschaft gegenüber Autoritäten weiter aus, um aufzuzeigen, dass die Wahrscheinlichkeit für schlimmere Schocks höher war, wenn die Testteilnehmer Laborkittel statt eigener Kleidung mit großen Namensschildern trugen. In der Annahme, dass der Gehorsam gegenüber Autoritäten durch Uniformen und Rollen bestärkt oder ermöglicht wird, entwarf er eines der berüchtigtsten Experimente in der Geschichte der Psychologie.

- 1971 suchte Zimbardo in einer Anzeige nach gesunden jungen Männern, die an einem Experiment/Rollenspiel mit Gefangenen und Wärtern teilnehmen wollten. Die Rollen wurden zufällig auf die Teilnehmer verteilt. Die mit beigen Uniformen, Schlagstöcken und verspiegelten Sonnenbrillen ausgestatteten »Wärter« wurden angewiesen, die »Gefangenen« im Gefängnis zu halten und keine Gewalt anzuwenden.

- Die Gefangenen durchliefen eine realistische Simulation ihrer Verhaftung, erhielten Häftlingskleidung, Nylonkappen und Fußketten und wurden ins Untergeschoss der psychologischen Fakultät der Stanford University gesperrt, das eigens als Gefängnisattrappe hergerichtet worden war. Sowohl die Wärter als auch die Gefangenen wurden zu Beginn darüber informiert, dass die Rollen zufällig verteilt worden waren und sie jederzeit abbrechen konnten.

- Das Experiment sollte ursprünglich zwei Wochen dauern, doch im Verlauf von nur sechs Tagen ereignete sich eine bemerkenswerte Transformation. Sowohl die Gefangenen als auch die

Wärter verinnerlichten ihre Rollen in einem schockierenden Ausmaß. Die Gefangenen wurden demütig, unterwürfig und zurückgezogen und hatten anscheinend vergessen, dass sie freiwillig dort waren. Die Wärter wurden aggressiv, kontrollierend und zunehmend sadistisch. Sie behandelten die Gefangenen immer brutaler und unmenschlicher. Irgendwann wurden einige Gefangene traumatisiert, sodass Zimbardo gezwungen war, das Experiment nach weniger als einer Woche abzubrechen.

Obwohl damals und heute äußerst umstritten, scheint das Stanford-Prison-Experiment Folgendes zu beweisen: Sozial oder kulturell geschaffene »soziale Skripte«, die durch Institutionen und Rollen vermittelt werden, können sich tiefgreifend auf das Verhalten auswirken. Anscheinend ist es mithilfe von wenigen einfachen Requisiten wie einer Uniform und einer Sonnenbrille möglich, jeden Menschen in einen Sadisten zu verwandeln.

5

Alles Wissenswerte über

KINDHEIT
UND JUGEND

Die Erforschung der geistigen Entwicklungen und Lernprozesse wird »Entwicklungspsychologie« genannt. Manche Aspekte überschneiden sich mit der Philosophie und betreffen jahrhundertalte Streitfragen wie die Debatte zwischen Nativismus und Empirismus, zwei verschiedenen Theorien über Wissen und sein Zustandekommen.

EMPIRISMUS, RATIONALISMUS UND NATIVISMUS

Der Empirismus geht davon aus, dass alles Wissen auf Erfahrungen basiert. In der Entwicklungspsychologie vertritt er das Konzept vom frühkindlichen Geist als unbeschriebenem Blatt, das keine vorherigen kognitiven Strukturen aufweist. Diese entwickeln sich erst, wenn das Kind mit der Welt interagiert. Doch spätestens seit Platon (um 428–347 v. u. Z.) wird der Empirismus angezweifelt. Interessanterweise griff der griechische Philosoph auf ein relativistisches Beispiel zurück, das auf Sinneswahrnehmungen basierte, um die These zu widerlegen, dass alles Wissen auf weltlicher Erfahrung beruht. Stattdessen argumentierte er, dass Erfahrung irreführend sein könnte.

Wenn jemand einen Raum betritt, der gerade aus einem Schneesturm kommt, und dann ein anderer eintritt, der gerade einen Ofen geheizt hat, werden die beiden nicht darin übereinstimmen, ob es in dem Raum warm oder kalt ist. Eine beliebte moderne Version dieses Experiments lehrt Kinder, wie die Sinne funktionieren: Zuerst wird eine Hand in eine Schüssel warmes Wasser getaucht, dann die andere in eine Schüssel eiskaltes Wasser und schließlich werden beide Hände in lauwarmes Wasser gehalten. Anschließend sollen die Kinder die Wassertemperatur schätzen.

Platon vertrat eine Position namens »Rationalismus«, nach der Wissen auf Vernunft und Logik basiert (Logik kann beweisen, dass manche Dinge zwingend richtig sind, zum Beispiel: 2 + 2 = 4). Er erkannte aber auch eine andere Denkrichtung an: den Nativismus, der davon ausgeht, dass Wissen angeboren (lat. *nativus*) oder von Geburt an im Geist verankert ist. Die Debatte zwischen Empirismus, Rationalismus und Nativismus beeinflusste auch die Geschichte der Entwicklungspsychologie und ihre einflussreichsten Theorien.

KURZE GESCHICHTE DER ENTWICKLUNGSPSYCHOLOGIE

Charles Darwin war wohl der Erste, der sich vornahm, die Entwicklungspsychologie eines Kindes wissenschaftlich zu untersuchen. Im Jahr 1877 erschien seine Studie, die auf Beobachtungen seines Sohnes Doddy und dessen Kommunikationsversuchen basierte. Anschließend veröffentlichte 1882 der deutsche Physiologe Wilhelm Preyer (1841–1897) sein bahnbrechendes Buch *Die Seele des Kindes*, das den offiziellen Beginn der Entwicklungspsychologie markiert. Auch dieses

Werk beruhte auf einer genauen Beobachtung seines Kindes – in diesem Fall den ersten zweieinhalb Lebensjahren seiner Tochter.

Die psychosexuelle Entwicklung nach Freud – orale bis phallische Phase

Für Freud war die Kindheit der Entstehungsort lebenslanger Persönlichkeitsmerkmale – sowohl gewöhnlicher als auch neurotischer. Die zentrale Antriebskraft war für ihn die Libido, eine Art psychosexuelle Energie oder Triebkraft, die von Geburt an vorhanden ist. Dies wiederum veranlasste ihn dazu, eine psychosexuelle Entwicklungstheorie aufzustellen, deren Phasen von den erogenen Zonen bestimmt werden, auf die sich die libidinöse Energie in jeder Phase richtet. Die Hauptphasen sind:

- Die orale Phase: auf Mund und Lippen bezogen. Lustgefühle werden hervorgerufen, indem Flüssigkeiten aufgesaugt und Essen sowie andere Dinge in den Mund gesteckt werden. Freud zufolge deuten orale »Stile« auf spätere Persönlichkeitstypen hin: Zum Beispiel können Babys mit einer besonderen Fixierung auf das Einführen von Gegenständen in den Mund (»orale Einverleibung«) später im Leben gierig und materialistisch werden. Diejenigen, die oral aggressiv sind und zum Beißen neigen, können später Charakterzüge wie Sarkasmus und Bitterkeit entwickeln, was auch durch Ausdrücke wie »beißender« Witz oder Gift und Galle »spucken« beschrieben wird.

- Die anale Phase ab etwa ein oder zwei Jahren: Der Fokus liegt auf der Kontrolle des Darms und der Blase. Aus dem Zurückhalten oder Ausscheiden von Stuhl wird libidinöse Energie gezogen. Laut Freud übt die Sauberkeitserziehung einen zentralen Einfluss auf die spätere Persönlichkeit aus. Kleinkinder, die stark dafür kritisiert werden, keine Kontrolle über ihren Darm zu haben, entwickeln aus Angst vor unangemessenem Stuhlgang einen anal retentiven Charakter. Im späteren Leben könnte das zu Geiz und Egoismus führen. Kinder, die für einen erfolgreichen Stuhlgang gelobt werden, entwickeln einen anal expulsiven Charakter und werden wahrscheinlich großzügig und kreativ.

- Laut Freud treten Kinder zwischen zwei und drei Jahren in die phallische Phase ein. Zutreffender wäre vielleicht der Ausdruck »genitale Phase«, da nach Freud die Libido in dieser Zeit sowohl bei Jungen als auch bei Mädchen auf die Genitalien gerichtet ist. Allerdings erfolgt die genitale Phase in der freudschen Terminologie erst später in der Pubertät. In der phallischen Phase spielen sich intensive psychosexuelle Dramen im kindlichen Unterbewusstsein ab, was zu Phänomenen wie Kastrationsangst, Penisneid, dem Ödipuskomplex (bei dem Jungen ein inzestuöses Verlangen nach der Mutter und eine Rivalität mit dem Vater entwickeln) und der Bildung des Über-Ichs führt.

- Auf die phallische Phase folgt die Latenzphase, in der sich die psychosexuelle Entwicklung des Kindes verzögert. Erst in der Pubertät bricht die Libido wieder durch und leitet die genitale Phase ein. In dieser Zeit verschiebt sich das Objekt der jugendlichen Zuneigung und Lust von den Eltern auf andere Gleichaltrige. Psychosexuelle Triebe entwickeln sich vom rein Narzisstischen hin zu einer Sexualität, die gemeinsames Erleben, Altruismus und Liebe beinhaltet.

Freuds Schwerpunkt auf Sex und die Genitalien schockierte seine Zeitgenossen und war der Grund, weshalb sich viele seiner Schüler gegen ihn wandten. Auch wenn der kulturelle Einfluss seiner Theorien enorm war, übten sie keine große Wirkung auf die Entwicklungspsychologie aus, da es ihnen an grundlegender Beweiskraft und experimenteller Verifizierung mangelte.

Skinner und seine Babybox

Die wichtige Stellung von Experimenten und von aufkommenden Theorien über das Beobachtbare bildete den Anstoß für die behavioristische Schule der Psychologie. Der Behaviorismus war rein empirisch und vertrat die These, dass Lernen in einem Prozess der Konditionierung durch die Interaktion mit der Umwelt geschieht. Pawlows Arbeit mit Hunden (siehe Seite 128) war ein Beleg für die so genannte »klassische Konditionierung«, die Verhalten als eine Reaktion sieht, hervorgerufen durch einen Reiz aus der Umwelt. Der einflussreiche amerikanische Behaviorist B.F. Skinner (1904–1990) entwickelte das Konzept der operanten Konditionierung, nach der Verhaltensweisen durch Verstärkung erlernt oder – besser gesagt – antrainiert werden.

Pawlowscher Hund

Im Jahr 1904 gewann der russische Physiologe Pawlow den Nobelpreis für seine Arbeit über die nervliche Steuerung der Verdauung und Speichelbildung bei Hunden. In dem Verfahren perfektioniert er Operationstechniken, um die Speichel- und Magensekrete von Hunden *in vivo* (d. h. an lebendigen Objekten) zu sammeln. Damit lieferte er ein experimentelles Hilfsmittel, um verhaltensbezogene Reaktionen auf psychologische Prozesse erforschen und messen zu können. Pawlow beobachtete, dass Hunde begannen Speichel abzusondern, wenn sie die Mitarbeiter sahen, die ihnen Futter brachten – eine Reaktion, die er »psychische Sekretion« nannte.

Durch die Erforschung dieser Reaktion konnte Pawlow beweisen, dass Hunde dazu konditioniert werden können, diese Speichelreaktion von einem natürlichen Reiz (Wahrnehmen der Nahrung) zu einem neutralen Reiz wie dem Läuten einer Glocke zu übertragen. Er entwickelte einen speziellen Fachjargon für das Verfahren, in dem Hunde zuerst eine unkonditionierte/unbedingte Reaktion (UCR für *unconditioned response*) auf einen unkonditionierten Reiz (UCS für *unconditioned stimulus*) und anschließend eine konditionierte Reaktion (CR für *conditioned response*) auf einen konditionierten Reiz (CS für *conditioned stimulus*) zeigen. Die Fachbegriffe wurden sogar für algebraische Formeln entlehnt.

Pawlow vertrat den Grundsatz: »Durch die Kontrolle der Umgebung entsteht Ordnung im Verhalten.« Davon inspiriert, entwarf Skinner ein Gerät, mit dem er die operante Konditionierung von Mäusen oder Ratten in einer streng kontrollierten Umgebung nachweisen wollte. Der licht- und schallisolierte Käfig, später »Skinner-Box« genannt, ist auf jeder Seite 30 Zentimeter lang und verfügt über ein »Operandum« oder »Manipulandum« – eine Vorrichtung wie einen Hebel, eine Stange oder einen Knopf, der betätigt werden muss, um eine Belohnung zu erhalten, zum Beispiel die Freigabe von Futter in einen Napf. Das Operandum ermöglicht eine positive Verstärkung in Bezug auf alle möglichen Aufgaben oder Verhaltensweisen, die gerade konditioniert werden. Eine negative Verstärkung könnte durch laute Geräusche oder Elektroböden erzeugt werden.

Skinner glaubte, im Grunde das gesamte menschliche Verhalten, einschließlich der kindlichen Entwicklung, mit der operanten Konditionierung, die durch positive oder negative Verstärkung erzeugt wird, erklären zu können. Er versuchte, seine Theorien auf seine Kinder anzuwenden, und entwarf 1944 für seine kleine Tochter die berühmt gewordene *Air crib* oder »Babybox«. Dabei handelt es sich um ein klimatisiertes Kinderbett – ein sicherer, hygienischer, leicht zu reinigender und gemütlicher Ort für Babys, der allzu häufiges Windeln unnötig macht und das Leben der Eltern erleichtert. Die Babybox war so entworfen, dass der Schlafbereich auf eine für die Eltern angenehme Höhe verstellt werden konnte und zugleich dem Kind einen besseren Aussichtspunkt bot, ohne an Sicherheit einzubüßen.

In den ersten beiden Lebensjahren schlief und spielte Skinners Tochter in der Babybox und es wurden etwa 300 kommerziell angefertigte *Air cribs* verkauft. Nachrecherchen zufolge boten sie eine sichere und praktische Umgebung, konnten sich aber auf Dauer nicht durchsetzen, da sie in der öffentlichen Wahrnehmung unweigerlich mit der Skinner Box und den Bildern eingesperrter Labortiere und kaltherziger Konditionierungsversuche verbunden waren.

Banduras soziales Lernen

Auch wenn der Behaviorismus nach dem Zweiten Weltkrieg an Bedeutung verlor, spielte Konditionierung weiterhin eine wichtige Rolle für Lerntheorien, insbesondere für die soziale Lerntheorie des kanadisch-amerikanischen Psychologen Albert Bandura (geb. 1925), die als eine Art Brücke zwischen Behaviorismus und kognitiver Psychologie diente und sogar Elemente freudscher Theorie umfasste. In Banduras Modell erfolgt die operante Konditionierung über kognitive Prozesse, insbesondere wenn Kinder soziale Vorbilder (Modelle) beobachten und dabei mentale Modelle konstruieren. Ihm zufolge beobachten Kinder die Welt um sich herum, kodieren beobachtete Verhaltensweisen und versuchen dann, manche davon nachzuahmen, indem sie den entsprechenden mentalen Modellen folgen (ein bekannter Nachweis für dieses Phänomen war die Bobo-Doll-Studie (siehe Seite 134 f.). Die daraus resultierenden Verhaltensweisen werden anschließend durch die Reaktionen des gesellschaftlichen Umfelds positiv oder negativ verstärkt.

Mit diesem Modell ließen sich beispielsweise die Ursprünge gender-spezifischer Verhaltensweisen erklären. Nach der sozialkognitiven Lerntheorie richten Jungen und Mädchen ihr Verhalten an den Rollenmodellen aus, die ihnen als angemessen signalisiert werden, und erhalten dann positive oder negative Verstärkung – je nachdem, inwiefern ihr Verhalten stereotypischen Geschlechterrollen entspricht. So wird das Verhalten des Kindes entsprechend geformt.

Bandura griff auf freudsche Konzepte zurück, um zu erklären, was das Lernen am Modell motiviert und welche Auswirkungen es auf das Kind ausübt. Freud beschäftigte sich mit dem Bestreben des Kindes, Bestätigung zu erhalten und sein Selbstwertgefühl zu steigern, indem es sich mit einem Vorbild identifiziert und das bewunderte Bild verinnerlicht. Auf ähnliche Weise vertrat Bandura die These, dass das Kind durch die Nachahmung des Verhaltens eines anderen Individuums auch dessen Überzeugungen, Einstellungen und Werte nachahmt.

Bindung und Attachment

Der Behaviorismus wurde häufig als kalt und unmenschlich charakterisiert, da er Kognition und Gefühle als *rein* konditionierte Reaktionen abzutun oder herunterzuspielen pflegte. Zum Beispiel lautet die behavioristische Begründung für die emotionale Bindung des Kindes zu seinen Eltern (*Attachment*), dass es sich dabei lediglich um berechnende Liebe handelt – eine rationale Reaktion auf die elterliche Bereitstellung von Ressourcen. Babygeschrei dient laut Behavioristen als unangenehmer Reiz, auf den Eltern fürsorglich reagieren, um den Stimulus abzuschwächen. Allerdings enthält dieses Argument einen offensichtlichen Denkfehler: Wenn Eltern den negativen Reiz reduzieren wollten, wäre es für sie am leichtesten, sich vom Säugling zu entfernen, anstatt sich mit ihm zu beschäftigen.

Bowlbys Attachment-Theorie

Ein alternativer, humanistischerer Ansatz basiert auf dem Werk des britischen Psychiaters John Bowlby (1907–1990), der durch seine Arbeit mit schwer erziehbaren Kindern in den 1930er- und 1940er-Jahren eine Verbindung zwischen Vernachlässigung in der Kindheit und späteren emotionalen Problemen herstellte. Bowlby vertrat einen nativistischen Ansatz und stellte die These auf, dass Menschen durch die Evolution eine angeborene Neigung dazu hätten, Bindungen einzugehen. Beeinflusst wurde er in den 1930er-Jahren von der Arbeit des österreichischen Verhaltensforschers Konrad Lorenz (1903–1989), der sich mit der Prägung bei Tieren befasste (siehe Seite 137).

Bowlbys Argumente lauteten wie folgt:

- Auf evolutionärer Ebene hielt er es für sinnvoll, dass Babys Trost und Schutz suchen und Eltern diese geben möchten.

- Dementsprechend entwickeln Tiere artspezifische Mechanismen, um Bindung und *Attachment* herzustellen. Menschen sind nicht anders. Neugeborene entwickeln instinktiv »soziale Auslöser« – wie Bowlby es nannte –, zum Beispiel Geschrei.

Dies führt zu einer fürsorglichen Reaktion von Erwachsenen, die instinktiv darauf programmiert sind zu reagieren.

- Sowohl das Kind als auch der Erwachsene sind darauf programmiert, eine enge Bindung einzugehen. Bowlby argumentierte, dass das Kind zumindest am Anfang eine instinktive, primäre Bin-

Bobo dolls und Spiel/Aggression

Bandura bewies seine Theorie zum Lernen am Modell mit einem Experiment mit *Bobo dolls* – großen, aufblasbaren Puppen, die an den Füßen mit einem Gewicht beschwert und wie Clowns angemalt waren. Sie konnten umgestoßen werden und sprangen sofort wieder auf. In seiner Studie betrat ein Erwachsener einen Raum, in dem drei- bis sechsjährige Jungen und Mädchen spielten, und begann die Bobo-Puppe, die so groß wie ein Erwachsener war, zu schlagen und zu treten. Als die Kinder später eine Bobo-Puppe in Kindergröße zum Spielen erhielten, fand Bandura heraus, dass diejenigen, die das aggressive erwachsene »Vorbild« beobachtet hatten, eine höhere Wahrscheinlichkeit für aggressives Verhalten gegenüber der Puppe zeigten.

dung herstelle. Dieses *Attachment* definierte er nicht als ein rein transaktionsbezogenes Phänomen, sondern als eine »andauernde psychologische Verbundenheit zwischen Menschen.«

- Es bildet die Grundlage für die darauf folgende, gesunde und gut angepasste Entwicklung, aus der das Kleinkind die Sicherheit und das Selbst-

Außerdem war es für Jungen wahrscheinlicher als für Mädchen, sich aggressiv zu benehmen und das Verhalten des erwachsenen Mannes nachzuahmen. Darüber hinaus kam es auch zu aggressiven Reaktionen, wenn dieses Verhalten auf Video gesehen wurde.

Bandura schlussfolgerte, dass die Studie seine soziale Lerntheorie stützte. Sie diente häufig als Beweis dafür, dass gewalttätige Bilder in Fernsehen und Videospielen den Geist von beeinflussbaren jungen Menschen leicht »vergiften« können. Allerdings wurde die Studie dafür kritisiert, die Reaktionen der Kinder falsch gedeutet zu haben, da ihr aggressives Verhalten wohl eher spielerisch als gewalttätig war und die Kinder glaubten, dass dieses Verhalten von ihnen erwartet wurde.

vertrauen zieht, um die Welt zu erkunden und Interaktionen mit anderen zu riskieren.

Bowlby ging auch davon aus, dass ein Mangel an mütterlicher Zuneigung und Pflege (»mütterliche Deprivation«) in den ersten Lebensjahren gravierende Folgen im späteren Leben haben kann. Kinder, die vernachlässigt werden oder keine Gefühlsbindung zur Mutter aufbauen können, werden zurückgezogen und in ihrer Entwicklung gehemmt. Im Erwachsenenalter weisen sie unangepasste Verhaltensweisen und Einstellungen auf. Zu den Folgen mütterlicher Deprivation zählen nach Bowlby Kriminalität, verminderte Intelligenz, Aggression und Depression. Gestützt wurden seine Theorien auch von den Experimenten von Harry Harlow (1905–1981), der Affenbabys getrennt von ihren Müttern aufzog.

Wenn Affen ohne Mutter aufwachsen

Harlow war ein amerikanischer Psychologe, der ab 1959 eine höchst umstrittene Reihe von Experimenten mit Rhesusaffenbabys durchführte und sich mit Fragen zur Trennung von der Mutter und frühkindlichen Bindungsbedürfnissen befasste. Neugeborene Affen wurden nach der Geburt von ihrer Mutter getrennt und

Lorenz:
Prägung und Bindung auf den ersten Blick

Konrad Lorenz wurde für seine Arbeit zum Phänomen der Prägung bei Gänsen berühmt. Er entdeckte, dass es nach dem Schlüpfen von Gänseküken ein kritisches Zeitfenster gibt, in dem sie eine starke Bindung zu allen Objekten in ihrem Blickfeld aufbauen, d. h. sie sind genetisch darauf programmiert, auf einen augenscheinlichen visuellen Reiz geprägt zu werden, der in der Natur dem Muttertier entspricht. Lorenz führte dieses Phänomen eindrucksvoll vor, als er einen Haufen Gänseeier aufteilte, sodass eine Hälfte der Küken auf ein Gänseweibchen und die andere auf ihn geprägt wurde. Die Küken wurden dann unter einer Kiste vermischt und Lorenz und die Gans einander gegenübergestellt. Als die Kiste hochgehoben wurde, teilten sich die Küken säuberlich in die beiden ursprünglichen Gruppen auf: Die eine ging zu Lorenz und die andere zur Gans.

Lorenz und andere fanden heraus, dass der kritische Zeitabschnitt auf zwölf bis siebzehn Stunden nach dem Schlüpfen begrenzt werden kann. Wenn die Prägung nicht innerhalb von 32 Stunden erfolgt, wird sie gar nicht stattfinden. Es wird angenommen, dass Prägung ein einmaliges, unwiderrufliches Ereignis ist. Lorenz hat bewiesen, dass Bindung zumindest für manche Tiere eine instinktive, angeborene Reaktion ist.

mit zwei »Ersatzmüttern« in Einzelkäfigen gehalten. Die eine war nur ein Drahtgestell, die andere hingegen mit einem Frotteehandtuch umwickelt. Harlow stellte fest, dass sich die Affenbabys lieber an die »Stoffmutter« klammerten, selbst wenn die »Drahtmutter« mit einer milchspendenden Flasche ausgestattet wurde. Als Harlow einen trommelnden Teddybären in den Käfig setzte, um die Affen zu verängstigen, rannten sie immer zur »Stoffmutter«. Das Experiment schien mehrere Punkte zu beweisen:

- Nahrung allein ist nicht die Antriebskraft für Bindung, da Sicherheit und Trost der Nahrung vorgezogen werden. Im Erwachsenenalter zeigten die mutterlos aufgewachsenen Affen gestörte oder unsoziale Verhaltensweisen. Es fiel ihnen schwer, Beziehungen zu anderen Affen aufzubauen, sie waren zurückgezogen und/oder aggressiv und wussten nicht, wie sie sich paaren sollten. Die Weibchen, die ohne mütterliche Zuneigung aufgewachsen waren, vernachlässigten ihre Jungen.

- Kritikern zufolge könnten die gestörten Verhaltensweisen von mutterlos aufgezogenen Affen jedoch genauso gut darauf zurückzuführen sein, dass es in ihrer Kindheit weder mütterliche Disziplin noch Vorbilder gab, von denen sie soziales Verhalten hätten lernen können.

- Interessanterweise zeigte eine Folgestudie ebenfalls auf, dass entgegen Bowlbys These die Auswirkungen von Deprivation zumindest teilweise aufgehoben werden können. Wenn die mutterlos aufgewachsenen Affen mit einer Art »Affentherapeutin« (einem Affenweibchen, das jünger als die deprivierten Subjekte war) zusammengeführt wurden und einen Käfig mit ihr teilten, zeigten sie ein sozialeres, angepassteres Verhalten.

- Im Jahr 1962 verglich Harlow Affen, die mit einer Stoffmutter aufgewachsen waren, mit solchen, die in vollständiger Isolation aufgezogen worden waren, und fand heraus, dass die unglücklichen Letzteren ein zutiefst gestörtes Verhalten aufwiesen, indem sie sich zum Beispiel selbst umarmten und wiegten. Wenn sie später auf andere Affen trafen, waren sie ängstlich, aggressiv und anfällig für selbstverletzendes Verhalten. Auf ethischer Ebene wurde Harlow nachträglich extrem kritisiert.

Bindungsstile und die Fremde-Situation

Bindung ist kein einzelner, einheitlicher Prozess. Laut einer Studie von 1964 bauen Babys in den ersten drei Monaten ihres Lebens eine willkürliche Bindung zu jeder beliebigen Bezugsperson auf, erkennen aber ab vier Monaten ihre primären Versorger und weisen ab sieben Monaten eine eindeutige Präferenz für eine bestimmte Bezugsperson auf. Im Alter von zwölf bis achtzehn Monaten entwickelt das Kleinkind eine starke Bindung zur Bezugsperson und wird durch eine Trennung sehr beunruhigt, was als »Trennungsangst« bezeichnet wird. Das endgültige Ziel des Bindungsprozesses ist jedoch, dass eine Ablösung ermöglicht wird – der Prozess, in dem die Welt erkundet wird und das Kind zu einer eigenständigen Person heranwächst.

Im Jahr 1978 führte die amerikanisch-kanadische Entwicklungspsychologin Mary Ainsworth (1913–1999) eine berühmte Studie durch, in der sie die verschiedenen Bindungsstile und ihre Auswirkungen auf die Ablösung untersuchte. In ihrem Fremde-Situations-Test erforschte sie Kleinkinder von 12 bis 18 Monaten in verschiedenen Situationen: in Anwesenheit der Mutter spielen, einer Fremden begegnen und mit ihr allein gelassen werden, ganz allein gelassen werden und anschließend die Mutter wiedersehen. Auf Grundlage ihrer Beobachtungen von Kleinkindern und ihren Reaktionen auf verschiedene Szenarien definierte Ainsworth drei Bindungsstile:

- Sicher gebundene Babys erkunden gern einen fremden Raum, halten sich dabei aber an ihre Mutter. Sie weinen, wenn sie den Raum verlässt, lassen sich nicht von einer Fremden trösten und suchen nach dem Wiedersehen den Kontakt zur Mutter.

- Ängstlich-vermeidende Kleinkinder sind weniger an ihrer Mutter interessiert und weinen vielleicht, wenn sie allein zurückgelassen werden, lassen sich aber von einer Fremden trösten.

- Ambivalent gebundene Kleinkinder weinen und wirken auch in der Gegenwart der Mutter verunsichert. Durch die Trennung werden sie sehr beunruhigt, verhalten sich aber nach dem Wiedersehen ambivalent, indem sie einerseits den Kontakt zur Mutter suchen, sie aber andererseits von sich zurückstoßen und sich nicht von ihr trösten lassen wollen.

Ainsworths Kategorisierungen wurden dafür kritisiert, reduzierend, vereinfachend, unvollständig und allzu wertend zu sein, da sie normales Verhalten als krankhaft bewerten und implizit den Müttern die Schuld geben (wie die Zuschreibung der »frigiden« Mutter bei Autismus, siehe Seite 150 f.).

Lernen zu denken

Weder der Behaviorismus noch die Bindungstheorie befasste sich tiefgehender mit der kognitiven Entwicklung. Die beiden großen Namen auf diesem Gebiet waren der Schweizer Wissenschaftler Jean Piaget (1896–1980) und der russische Psychologe Lew Wygotski (1896–1934), die zu erklären versuchten, wie und warum Kinder Denken und soziales Verhalten lernen und wie diese beiden Prozesse ineinandergreifen.

Piaget und der Konstruktivismus

Piaget hatte Naturgeschichte und Philosophie studiert, fühlte sich aber von Psychologie angezogen und arbeitete um 1920 mit dem französischen Psychometriker Alfred Binet (1857–1911) zusammen. Bei der Auswertung von Tests, den Vorläufern heutiger IQ-Tests, stellte Piaget fest, dass kleine Kinder immer wieder dieselbe Art von Fehlern begingen. Fasziniert von der Schlussfolgerung, dass ihr Denken sich von dem älterer Menschen unterscheiden müsse, entwickelte er eine allumfassende Theorie universeller kognitiver Entwicklungsstufen, die jedes Kind durchläuft. Seine Methode oder Philosophie wird manchmal als »Konstruktivismus« bezeichnet, da sie Lernen als konstruktiven Prozess definiert, auch wenn Piaget sich selbst als »genetischen Epistemologen« bezeichnete (»Epistemologie« als die Lehre des Wissens und »genetisch« im Sinne von »die Genese oder Entstehungsgeschichte betreffend«; ein genetischer Epistemologe untersucht also die Entwicklung von Wissen und Lernen).

Piaget untersuchte den kindlichen Ansatz zur Problembewältigung und Interaktion mit der Welt. Normalerweise beobachtete er ein einzelnes Kind, das gebeten wurde, zu spielen oder ein Problem zu lösen, insbesondere wenn es aufgefordert wurde, dies auf neue Art und Weise zu tun. Über sechzig Jahre lang erarbeitete Piaget ein Modell der intellektuellen Entwicklung, das aus vier Hauptstufen besteht:

- sensomotorische Phase (null bis zwei Jahre)

- präoperationale Phase (zwei bis sieben Jahre)

»Ich sehe was, was du nicht siehst«

Objektpermanenz ist die Fähigkeit zu verstehen, dass Dinge weiterhin existieren, auch wenn man sie nicht sehen kann. Einem Kleinkind wird sein Lieblingsspielzeug gezeigt. Es freut sich, aber dann wird eine Decke über das Spielzeug gelegt. Kinder unter acht Monaten können nicht einfach unter die Decke sehen und wirken vielleicht verwirrt oder bestürzt oder beschäftigen sich einfach mit anderen Dingen, da das Spielzeug für sie anscheinend nicht existiert, wenn sie es nicht sehen können. Ebenso wenig ist Objektpermanenz bei Affen zu beobachten, die Schäden am präfrontalen Cortex aufweisen – einer vorderen Hirnregion, die mit komplexem Denken und Vorausplanen verbunden ist. Dies deutet darauf hin, dass bei Babys unter acht Monaten der präfrontale Cortex noch nicht weit genug entwickelt ist, um diese Fähigkeit auszubilden. Objektpermanenz ist nicht mit dem Phänomen zu verwechseln, bei dem ein Kind glaubt, nicht gesehen werden zu können, weil es selbst nichts sieht (siehe *Theory of Mind*, Seite 148 ff.). Allerdings erklärt sie möglichweise die kindliche Freude bei Spielen wie dem Guck-guck-Spiel, bei dem ein Erwachsener sein Gesicht versteckt.

- konkret-operationale Phase (sieben bis zwölf Jahre)

- formal-operationale Phase (ab zwölf Jahren)

Laut Piaget können Kinder in jeder Phase verschiedene Entwicklungsniveaus erreichen und ihre Entwicklung muss nicht zwingend linear verlaufen. Besonders in den späteren Phasen definierte er Entwicklung als eine Art Spirale: Entwicklungen in einer Phase ermöglichen das Überarbeiten früherer Phasen, was wiederum zu einem Entwicklungsschub führt.

Vom Egozentrischen zur Invarianz

In der »sensomotorischen« Phase hat das Kleinkind zu Beginn nur angeborene Reflexe und entwickelt neben der Fähigkeit, Handlungen zu wiederholen und neue auszuprobieren, kognitive Leistungen wie Koordination, Repräsentation von äußeren Dingen als mentalen Konzepten sowie Vorstellungen von Objektpermanenz und Intentionalität (Verständnis, dass das Selbst sowie andere Menschen und Dinge Bedeutung und Zweck haben können).

In der »präoperationalen« Phase sind Kinder auf ihre eigene Sichtweise beschränkt (Egozentrismus) und

Infantile Amnesie und Neurogenese

Auch wenn manch einer behauptet, sich an seine ersten Lebensmonate und sogar an seine Geburt erinnern zu können, herrscht weitgehend Übereinstimmung darüber, dass sich Menschen de facto nicht daran erinnern können, was vor den ersten 18 bis 24 Lebensmonaten geschah, und in der Regel an nichts, was sich vor dem Alter von drei bis dreieinhalb Jahren ereignete. Bis zum Alter von sieben Jahren bilden Kinder weniger langfristige biografische Erinnerungen, als man im Hinblick auf normales Vergessen erwarten würde. Freud nannte dieses Phänomen »die merkwürdige Amnesie der Kindheit« und sah darin einen Beweis für seine Theorie, dass frühkindliche Erinnerungen im Zuge der psychosexuellen Entwicklung aktiv blockiert oder unterdrückt werden.

können sich nur auf einen Aspekt einer Situation konzentrieren – was auch immer gerade ihre Aufmerksamkeit erregt. Sie haben keine logischen Gedankengänge, da sie die Konzepte einfach nebeneinanderstellen, von einem Konzept zum nächsten springen und ihre Gedanken nicht erfassen können.

In der »konkret-operationalen« Phase werden diese Beschränkungen nach und nach abgebaut. Kinder be-

Einer anderen Theorie zufolge sind Kleinkinder ohne Sprache nicht in der Lage, Konzepte so zu entwickeln, dass sie gespeichert werden könnten. Dies erklärt jedoch nicht, warum infantile Amnesie auch bei Tieren vorkommt und von Studien angezweifelt wird, in denen sogar Neugeborene nachweislich lernen und Erinnerungen bilden können. Wenn Erinnerungen gebildet, aber später nicht abgerufen werden können, werden sie vielleicht gelöscht oder überschrieben. Man vermutet, dass bei Jungtieren immer noch neue Zellen in Hirnarealen entstehen, die für das episodische Gedächtnis wichtig sind, zum Beispiel im Hippocampus, und dass dieser Prozess der Neurogenese frühe Erinnerungen überschreibt. Wenn die Neurogenese langsamer wird, bleiben langfristige Erinnerungen erhalten.

greifen nun das Konzept der Invarianz oder Erhaltung: Sie verstehen, dass Mengen trotz Veränderungen fortbestehen und begrenzt sind, zum Beispiel dass sechs nebeneinander liegende Streichhölzer immer noch dieselben sind, wenn sie in einem Viereck neu angeordnet werden, oder dass eine Flüssigkeit sowohl in einer flachen Schüssel als auch in einem hohen Glas das gleiche Volumen hat. Invarianz wird in einer festgelegten

Reihenfolge gelernt: Anzahl, Länge und Menge, Fläche, Gewicht, Zeit und Volumen. In der »formal-operationalen« Phase lernen Jugendliche mentale Modelle und Hypothesen zu konzeptualisieren und zu manipulieren, wodurch höheres Denken ermöglicht wird.

Theory of Mind

Der psychologische Fachbegriff *Theory of Mind* (dt. »Theorie des Geistes«) beschreibt eine wichtige kognitive Fähigkeit, die bei Kindern nicht von Geburt an vorhanden ist: Zu erkennen, dass andere Menschen eigene Gedanken haben, und sich in ihre Gedanken hineinversetzen können. Ein klassisches, konkretes Beispiel hierfür ist das Spiel, bei dem sich ein kleines Kind die Augen bedeckt und glaubt, dass es unsichtbar wäre. Weil es andere nicht sehen kann, glaubt es, nicht gesehen werden zu können.

Die *Theory of Mind* wurde zuerst 1978 bezogen auf Schimpansen entwickelt. Bei Experimenten der Primatenforscher David Premack und Guy Woodruff mussten sich Schimpansen entscheiden, wem sie sich für Futter annähern sollten: einem Pfleger mit Augenbinde oder einem Pfleger, der sehen konnte, wo das Futter aufbewahrt wurde. Wie sich herausstellte, waren die Schimpansen nicht öfter erfolgreich, als sie es durch

Das Sally-Anne-Experiment

Ein aussagekräftiger Test zur *Theory of Mind* (siehe oben) bei Kindern ist das Sally-Anne-Experiment, das die Fähigkeit des Kindes prüft, falsche Überzeugungen zuzuordnen – also zu begreifen, dass andere eine falsche Überzeugung vertreten (und sich entsprechend verhalten), obwohl das Kind es besser weiß. Ein Kind beobachtet ein kleines Schauspiel zwischen zwei Puppen, Sally und Anne. Anne beobachtet, wie Sally einen Ball in einen Korb legt, doch als Sally weggeht, verstaut Anne den Ball in einer Kiste. Als Sally zurückkehrt, will sie ihren Ball suchen. Das Kind wird gefragt: »Wo wird Sally nach dem Ball suchen?« Kinder unter drei Jahren können sich – wie die Schimpansen in der Studie von Premack und Woodruff – nicht in die Lage eines anderen hineinversetzen. Weil sie wissen, wo der Ball ist, nehmen sie an, dass Sally es ebenfalls wissen muss und daher in der Kiste nachsehen wird. Ab vier Jahren haben Kinder bereits eine *Theory of Mind* ausgebildet und verstehen, dass Sally eine falsche Überzeugung vertritt und daher im Korb nachsehen wird, wo der Ball ihrer Meinung nach immer noch liegen müsste.

zufälliges Raten gewesen wären. Die Wissenschaftler schlussfolgerten, dass die Tiere nicht in der Lage waren, sich in den Pfleger mit der Augenbinde hineinzuversetzen. Sie konnten die Dinge nur aus ihrer eigenen Perspektive sehen. In Piagets Modell wären sie der egozentrischen Phase zuzuordnen.

Die *Theory of Mind* ist ein wichtiges Konzept, um die möglichen Mechanismen von Autismus zu verste-

Autismus und Asperger-Syndrom

Das Wort Autismus, das vom griechischen *autós* (dt. »selbst«) stammt, wurde erstmals im frühen 20. Jahrhundert verwendet, um pathologisch zurückgezogene Schizophrene zu beschreiben. Im Jahr 1943 benutzte der amerikanische Kinderpsychiater Leo Kanner (1894–1981) den Ausdruck »frühkindlicher Autismus«, um eine Gruppe von Kindern zu beschreiben, die hochintelligent waren, doch ein »starkes Bedürfnis nach Alleinsein« und »ein obsessives Beharren auf andauernder Gleichförmigkeit« aufwiesen. Im Jahr 1944 beschrieb erstmals der deutsche Wissenschaftler Hans Asperger (1906–1980) das später nach ihm benannte Syndrom und bezog sich dabei auf hochintelligente Kinder mit obsessiven Interessen und schwierigem Sozialverhalten.

hen – einer kognitiven Entwicklungsstörung auf mehreren wichtigen Achsen. Zum Beispiel fallen stark autistische Kinder auch im höheren Alter oft durch den Sally-Anne-Test (siehe Seite 149), was darauf hindeutet, dass sie über keine *Theory of Mind* verfügen und unter einer Art »Geistesblindheit« leiden.

Aufgrund des Unvermögens, die Gedanken anderer zu konzeptualisieren, gestalten sich soziale Interak-

Heutzutage werden mit dem Asperger-Syndrom Kinder beschrieben, die auf dem Autismus-Spektrum eher am neurotypischen, statt am stark autistischen Ende einzuordnen sind. In der Autismusforschung sind viele Aspekte umstritten – von der Beschreibung und Stigmatisierung der Störung über den dramatischen Anstieg von Diagnosen und der offensichtlichen Verbreitung bis zu möglichen Ursachen. Zum Beispiel stellte eine einst beliebte Theorie, die in den 1960-er Jahren vom österreichisch-amerikanischen Kinderpsychologen Bruno Bettelheim (1903–1990) aufgestellt wurde und heute als frauenfeindlich und diskreditiert gilt, eine Verbindung zwischen der Entstehung von Autismus und emotional kalten, distanzierten (so genannten »frigiden«) Müttern her.

tionen als extrem schwierig. Es ist, als würde man versuchen Tennis zu spielen, obwohl die andere Seite des Tennisplatzes unsichtbar ist. Ebenso geht die *Theory of Mind* mit einem hohen Anpassungswert einher: Wer über diese Fähigkeit verfügt, kann die Gedanken, Gefühle und Verhaltensweisen anderer vorhersagen und manipulieren und weiß zum Beispiel, wann jemand lügt oder wie man eine überzeugende Lüge erzählt. Das Ausbilden dieser Fähigkeit war womöglich ein wichtiger Meilenstein in der kognitiven Evolution der Menschen.

Gemäß der »Theorie der machiavellischen Intelligenz«, die sich mit der Evolution von Intelligenz befasst, entwickelte sich Intelligenz in einer Feedbackschleife zwischen sozialer Intelligenz und zunehmender sozialer Komplexität. Die *Theory of Mind* hätte diese Theorie entscheidend stützen können. Positiv zu vermerken ist, dass die *Theory of Mind* auch den Ursprung von Mitgefühl und Empathie darstellt und daher soziales und kooperatives Verhalten fördert.

Wygotski, Gesellschaft und Kultur

Piagets intellektuelle Entwicklungstheorie (siehe Seite 142 ff.) legt den Schwerpunkt auf das Individuum und ist universell, da ihr zufolge alle Kinder dieselben Phasen durchlaufen. Der sowjetische Lew Wygotski stellte etwa zur gleichen Zeit wie Piaget in den 1920er- und 1930er-Jahren eine alternative, überaus einflussreiche kognitive Entwicklungstheorie auf. Seine »soziale Entwicklungstheorie« betont die wichtige Stellung von Gesellschaft und Kultur. Im Gegensatz zu Piagets Theorie, nach der Kinder sich fast wie in einem Vakuum entwickeln, ist die kindliche Entwicklung bei Wygotski von sozialen Einflüssen und kulturellen Besonderheiten bestimmt. Für Piaget ging intellektuelle Entwicklung dem Lernen voraus und ermöglichte dieses, wohingegen Lernen für Wygotski ein Auslöser für kognitive Entwicklung war.

Chomsky und die Veranlagung zur Sprache

In Piagets Modell (siehe Seite 142 ff.) ergibt sich Sprache aus Gedanken, sodass Kinder zuerst Konzepte entwickeln und dann die entsprechenden Wörter lernen. Für Wygotski verhielt es sich genau andersherum: Kognitive Fähigkeiten entwickeln sich zwar zuerst unabhängig von der Sprache, verstärken sich aber durch die Verinnerlichung von Sprache, sodass sprachliches Denken entsteht und die kognitive Entwicklung durch den Spracherwerb angetrieben wird. Beide Modelle stehen vor der Herausforderung, die beachtliche Geschwindigkeit und Leichtigkeit zu erklären, mit der sehr kleine Kinder Sprachkenntnisse erwerben. Zum Beispiel können Neugeborene Sprachmuster erkennen, die sie im Mutterleib gehört haben, und Kleinkinder unter einem Jahr können mithilfe von Anhaltspunkten wie Silbenbetonung Sprache in »Wortteile« zerlegen. Im Alter von drei Jahren haben die meisten Kinder gelernt, vollkommen neue Sätze zu verstehen und zu bilden – eine Fähigkeit, die der amerikanische Sprachwissenschaftler Noam Chomsky (geb. 1928) »generative Grammatik« nannte.

In Bezug auf den Spracherwerb vertritt Chomsky eine nativistische Theorie – im Gegensatz zum empiristischen behavioristischen Ansatz, nach dem Spracherwerb ein Prozess der Imitation, Wiederholung und Verstärkung ist. Chomsky zufolge erklären solche Mechanismen nur unzureichend, warum Kleinkinder so schnell komplexe Regeln von einem – wie er es nannte – relativ »dürftigen linguistischen Umfeld« lernen. Damit meinte er jene Babysprache, in der Erwachsene mit Kleinkindern kommunizieren. Chomsky glaubte, dass Kinder von Geburt an mit einem natürlichen kognitiven Modul oder Rüstzeug ausgestattet sind, das er *Language Acquisition Device (LAD,* dt. »Spracherwerbsapparat«) nannte und das auf den genetisch kodierten Regeln einer Universalgrammatik basiert.

Mittlerweile gilt Chomskys These zur Qualität von sprachlichen Inputs bei Kindern als widerlegt. Es wird angenommen, dass Kinder einem reichen, nuancierten Strom syntaktischer und semantischer Hinweise ausgesetzt sind, der als erste Orientierungsgrundlage unterstützend auf ihren Lernprozess wirkt, weshalb es nicht unbedingt nötig sein muss, einen speziellen Sprachmechanismus vorauszusetzen.

Lesen lernen

Psychologische Einsichten zum Lesenlernen sind besonders interessant, da in diesem Fall die Theorie tiefgreifende Auswirkungen auf die Anwendung hat.

- Es herrscht die weit verbreitete Ansicht, dass man, um lesen zu können, »Grapheme« (kleinste Einheiten in einem Schriftsystem) in »Phoneme« (kleinste sprachliche Einheiten) übertragen lernen muss. Darauf basiert die Lehrmethode des so genannten »prozessorientierten Lernens«: Ein beliebtes Beispiel hierfür ist die besonders im englischen Sprachraum bekannte *Phonics*-Methode, mit der Kindern ein robustes und leicht nachvollziehbares Fundament für Dekodierungsregeln an die Hand gegeben werden soll.

- Dekodieren wäre viel leichter, wenn Sprache und Rechtschreibung logischer wären, was sie aber häufig nicht sind (in den meisten Sprachen gibt es zahlreiche Ausnahmen).

- Es ist daher schwer, ein verlässliches Regelwerk zu erstellen. Dekodieren zu lernen heißt vielleicht eher »Wahrscheinlichkeitsbeziehungen« (Faustregeln zu Wahrscheinlichkeiten) zu beherrschen, anstatt Regeln auswendig zu lernen – wie beim Erlernen einer neuen Fähigkeit wie Ballfangen oder Fahrradfahren.

Es gibt aber noch eine andere Methode, nach der manche Kinder lesen lernen: Sie erfassen spontan ganze Wörter und ihre Bedeutungen, anstatt bedeutungslose Phoneme zu buchstabieren. Dieser Ansatz des so genannten »bedeutungszentrierten Lernens« lässt sich bei einer kleinen Prozentzahl von Kindern beobachten, »frühreifen Leserinnen und Lesern«, die sich das Lesen mit vier Jahren anscheinend selbst beibringen. Die natürliche Lernbewegung vertritt die These, dass alle Kinder zu dieser Lesemethode ermutigt werden sollten, da sie nicht nur bedeutungsvoller, sondern auch unterhaltsamer sei.

WOHER KOMMT GENDER?

Im Gegensatz zum biologischen Geschlecht (engl. *sex*) beschreibt das soziale Geschlecht (engl. *gender*) die Rollen und Identitäten, die mit Männlichkeit und Weiblichkeit assoziiert werden. Das biologische Geschlecht ist von der Natur festgelegt, aber woher kommt *Gender?* Der Prozess, in dem ein Individuum sich mit einer soziokulturell festgelegten Geschlechterrolle identifiziert (also eine Geschlechtsrollenidentität annimmt), wird »Geschlechtstypisierung« genannt. Für Freud war Geschlechtstypisierung der Prozess, in dem sich ein Kind mit dem gleichgeschlechtlichen Elternteil identifiziert und die damit verbundenen Eigenschaften und Charakterzüge verinnerlicht. In der Debatte, ob das soziale Geschlecht auf die Natur oder die Erziehung zurückzuführen ist, wäre Freud daher auf der Seite der Erziehung einzuordnen.

Evolutionäre Biologen argumentieren wie folgt:

- Geschlechterrollen waren das Ergebnis von Anpassungsstrategien, die den Fortpflanzungserfolg erhöhten. Männer entwickelten aggressive, risikofreudige und promiskuitive Verhaltensweisen, weil sie höhere Chancen auf eine erfolgreiche

Fortpflanzung hatten, wenn sie die Zahl ihrer Partnerinnen erhöhten (wenn nötig, durch Kämpfe) und die auf jede Partnerin verwendeten Ressourcen so gering wie möglich hielten.

- Frauen hingegen entwickelten fürsorgliche, entgegenkommende Verhaltensweisen, da sie von ihren Partnern möglichst viele Ressourcen und Schutz benötigten und für ihre Nachkommen sorgen mussten.

Theorien des Behaviorismus, des sozialen Lernens und der sozialen Kognition legen den Fokus hingegen auf:

- Erziehung: Für sie ist Geschlechtstypisierung das Resultat von sozialen Einflüssen, die genderspezifisches Verhalten verstärken und formen.

- Besonders deutliche Beispiele hierfür finden sich in anthropologischen Studien. Bei den auf Madagaskar ansässigen Sakalava etwa wurden »hübsche« Jungen als Mädchen aufgezogen, die ihre weiblichen Geschlechterrollen auch annahmen. Ebenso zogen die Aleuten in Alaska gut aussehende Jungen als Mädchen auf, zupften ihnen in

Nicht-binäre Genderidentitäten

Neben den traditionellen zwei Geschlechtern erkennen – oder erkannten – die amerikanischen indigenen Stämme der Crow und Mohave auch andere Genderidentitäten und -rollen an. Bei den Crow bezeichnet der Begriff *berdache* einen Mann, der sich gegen die traditionelle Kriegerrolle entscheidet und sogar als »Ehefrau« eines Kriegers leben und von der Gesellschaft akzeptiert werden kann. Bei den Mohave soll es vier Genderrollen gegeben haben, darunter *hwame*, eine Frau, die sich für das Leben als Mann entschied, und *alyha*, ein Mann, der als Frau lebte und sich sogar in den Oberschenkel schnitt, um Menstruation vorzutäuschen, und eine rituelle Schwangerschaft durchlebte.

der Pubertät den Bart und verheirateten sie mit reichen Männern. Auch sie nahmen offenbar bereitwillig ihre neu zugewiesene Geschlechterrolle an.

JUGEND

In seinem Buch *Adolescence* von 1904 beschreibt der einflussreiche amerikanische Psychologe und Pädagoge G. Stanley Hall (1846–1924) die Jugend stereotypisch als eine Zeit des Sturms und Drangs. Ausgehend von dieser Idee entstand die im Westen weitverbreitete Vorstellung von Jugend als einer spezifischen Entwicklungsstufe, die große Chancen und Gefahren birgt und in der körperliche Veränderungen und sexuelle Bedürfnisse sorgfältig überwacht, geformt und angeleitet werden müssen, um Kriminalität und unmoralischem Verhalten vorzubeugen. Stark beeinflusst wurde Hall von der psychoanalytischen Bewegung und ihrer Definition dieser Entwicklungsstufe, die später als die »klassische Adoleszenztheorie« bekannt wurde.

Die klassische Adoleszenztheorie

Einflussreichen Post-Freudianern wie Erik Erikson (1902–1994) und Peter Blos (1904–1997) zufolge ist die Jugend eine Zeit des inneren Konflikts, die mit einer schwierigen oder traumatischen Neuorientierung der Psyche und Persönlichkeit einhergehen kann. In Eriksons psychosozialer Theorie ist die Adoleszenzkrise ein Konflikt zwischen Identität und Rollenkonfusion: »In keiner anderen Phase des Lebenszyklus liegen der Druck, sich selbst zu finden, und die Drohung, sich selbst zu verlieren, so nahe beieinander.«

Um dies aufzulösen, müssen junge Menschen einen Sinn für Selbstidentität entwickeln, »das Gefühl haben, im eigenen Körper zu Hause zu sein, wissen, wohin sie gehen, und sich innerlich der zukünftigen Anerkennung durch andere, wichtige Personen sicher sein.« Hat man diesen Prozess erfolgreich bewältigt, wird man nach Erikson mit der Fähigkeit der Treue belohnt: Eine Identität zu finden, an die man sich halten kann, während man die Unterschiede zu anderen Menschen akzeptiert.

Blos, der deutsch-amerikanische Kinderpsychoanalytiker aus der Nachkriegszeit (wegen seiner Arbeit mit Jugendlichen *Mr Adolescence* genannt), definierte diese Suche nach Selbstidentität als »zweiten Individuationsprozess«, der auf den ersten in der Kindheit folgt. Zu diesem Prozess gehören:

- Die Loslösung von der Familieneinheit, während der oder die Jugendliche nach einer unabhängigen Identität sucht, was zu Regression und der Verehrung von Ersatzelternfiguren (zum Beispiel Popikonen) führt.

- Von der Regression zur Ambivalenz: Jugendliche werden gleichzeitig von elterlicher Bindung und Anerkennung angezogen und abgestoßen. In dem Versuch, der Abhängigkeit zu entfliehen, können Jugendliche eine negative Abhängigkeit entwickeln, in der ihr Verhalten von dem Bedürfnis bestimmt wird, das Gegenteil dessen zu tun, was die Eltern sich wünschen.

- Blos definierte Regression und ihre Folgen als Anpassungsreaktionen, die Jugendlichen dabei helfen, sich aus der Abhängigkeit zu befreien, und die nötig sind, um Unabhängigkeit zu erlangen.

Diese Definition von Jugend als eine Zeit des Konflikts und Tumults ist vielleicht etwas unvollständig. Die meisten jungen Menschen pflegen positive Beziehungen zu ihren Eltern und durchlaufen ihre Jugend ohne größere Probleme.

Die Erfindung der Jugend

Jugend gilt in der Sozialpsychologie weitgehend als ein größtenteils soziokulturell konstruiertes Phänomen. Bis vor nicht allzu langer Zeit wurde von den meisten jungen Menschen erwartet, so schnell wie möglich in Erwachsenenrollen zu schlüpfen, was meist an wirtschaftlichen Nöten lag. In vielen traditionellen und vorindustriellen Kulturen wurden Übergangsrituale wie männliche Beschneidung oder rituelle Abgeschiedenheit genutzt, um einen klaren, abrupten Übergang von der Kindheit ins Erwachsenenalter zu markieren. Erst seit der Neuzeit gibt es einen längeren Zeitraum, in dem junge Menschen während und nach ihrer körperlichen und sexuellen Reifung in wirtschaftlicher und sozialer Abhängigkeit verbleiben. Im Allgemeinen wird angenommen, dass dieser Umstand unweigerlich zu Konflikten zwischen Rollen, Ansprüchen und Bedürfnissen führt.

6

Alles Wissenswerte über

ÄLTERWERDEN

Shakespeare schrieb: »Sein Leben lang spielt einer manche Rollen« und führte anschließend die sieben Altersstufen der Menschen auf. Das Kind, das »greint und sprudelt«, und der »weinerliche Bube« wurden im vorherigen Kapitel behandelt. In Bezug auf die darauffolgenden fünf Altersstufen hatte der Dichter so manch treffende psychologische Einsicht. Der Soldat ist »auf Ehre eifersüchtig … und sucht nach der Seifenblase Ruhm, selbst in der Mündung der Kanone«, während die Gerechtigkeit »voller weiser Sprüche« ist und der alte Mann eine »zweite Kindheit« durchlebt und dem »reinen Vergessen« anheimfällt.

POST-FREUDIANISCHE PHASEN DES ERWACHSENENALTERS

Entwicklungs- und Alterspsychologen haben eigene Modelle für die Altersphasen von Männern und Frauen entwickelt. Sie erforschen die Ursachen und Auswirkungen von Stress, die kognitiven Auswirkungen des Verfalls und wechselnde Muster in sozialen Beziehungen, die im Laufe des Lebens geführt werden.

Die offensichtlichste Parallele zwischen der Psychologie und Shakespeare ist Eriksons »Acht-Stufen-Modell der psychosozialen Entwicklung«. Erik Erikson war ein deutscher Kunststudent und -lehrer, der sich in Freuds Dunstkreis bewegte und zu einem überaus angesehenen Psychoanalytiker wurde. In den 1930er- und 1940er-Jahren half er dabei, einen post-freudianischen, etwas humanistischeren Ansatz zur Psychodynamik zu entwickeln – die so genannte »Ich-Psychologie«. Danach ist das Ich die Fähigkeit, autonom und dynamisch zu sein, und die lebenslange Entwicklung des Ichs wird nicht als Ausdruck festgelegter Muster und Komplexe aus der Kindheit, sondern als Austausch mit der sozialen und physischen Umwelt verstanden.

Erikson entwickelte später seine psychosoziale Theorie der acht Altersstufen, die die verschiedenen

Herausforderungen und Aufgaben schildert, vor denen Menschen im Laufe ihres Lebens stehen. In jeder Phase ist das Individuum mit bestimmten Konflikten konfrontiert, die – wenn erfolgreich bewältigt – zu Wachstum und zur Ausbildung von »Tugenden« (positiven Eigenschaften) führen können. Andernfalls können psychische Störungen und Laster entstehen.

Von der Jugend bis zum mittleren Lebensalter geraten Menschen Erikson zufolge in einen Konflikt zwischen Intimität und Isolation: Soll das Individuum Schmerz riskieren, indem es sich gegenüber anderen öffnet? Die mögliche Belohnung ist die Tugend der Liebe, doch Scheitern kann zu Einsamkeit und Depression führen. In den mittleren Lebensjahren (zwischen 40 und 65 Jahren) stehen Menschen vor der Herausforderung, Stagnation zu vermeiden und »Generativität« zu erlangen, d.h. der Welt durch Kreativität oder Fürsorge etwas zurückzugeben, zum Beispiel indem sie Erfolg auf der Arbeit haben, ein schönes Zuhause schaffen oder Hobbys nachgehen. Durch Erfolg fühlt man sich verbunden, involviert und wertvoll, was zu der Tugend führt, die Erikson »Fürsorge« nennt. Stagnation wiederum ruft beim Individuum ein Gefühl von Unergiebigkeit und Entfremdung hervor.

Die letzte Phase beschreibt Erikson als einen Konflikt zwischen Ich-Integrität und Verzweiflung. Ersteres bezeichnet dabei die »Annahme des eigenen und einzigen Lebenszyklus als etwas, das sein musste«, und ist mit einem »Gefühl der Kohärenz und Ganzheit« verbunden. Die Alternative besteht darin, dem Tod ins Auge zu blicken und mit seinem Leben zu hadern, obwohl es schon zu spät ist, etwas daran zu ändern. In diesem Fall glaubt man, dass das Leben weder Wert noch Sinn hatte. Wer die Verzweiflung erfolgreich bewältigt, kann die Tugend der Weisheit erlangen.

Eriksons Modell beschreibt in pauschalen Begriffen existenzielle Herausforderungen, doch das Leben geht mit vielen weiteren Probleme einher – von ernsthaften bis zu banalen. Wie wirken sich diese auf die Psyche aus? Die Verbindung zwischen Stress und Gesundheit – sowohl mentaler als auch physischer – ist mittlerweile gut erforscht. Es gibt sogar eine Teildisziplin der Psychologie namens »Psychoneuroimmunologie«, die den Zusammenhang zwischen Neurologie und dem Immunsystem untersucht. Eines der bekanntesten und meist verbreiteten Hilfsmittel, mit denen diese Frage erforscht wird, ist die in den 1960er-Jahren von den amerikanischen Psychiatern Thomas Holmes und Richard Rahe entwickelte *Social Readjustment Rating*

Scale (SRRS), die nach ihren Erfindern auch »Holmes-
und Rahe-Stress-Skala« genannt wird.

Die psychosozialen Phasen

Phase	Psychosoziale Krise	Grundtugend	Existenzielle Frage	Alter
1	Vertrauen vs. Misstrauen	Hoffnung	Kann ich der Welt vertrauen?	0 – 1½
2	Autonomie vs. Scham	Willenskraft	Ist es in Ordnung, ich zu sein?	1½ - 3
3	Initiative vs. Schuldgefühl	Entschluss-kraft	Ist es in Ordnung, wenn ich etwas tue, mich bewege und agiere?	3-5
4	Werksinn vs. Minderwertigkeitsgefühl	Kompetenz	Kann ich es in der Welt der Menschen und Dinge zu etwas bringen?	5-12
5	Identität vs. Rollenkonfusion	Treue	Wer bin ich? Wer kann ich sein?	12-18
6	Intimität vs. Isolation	Liebe	Kann ich lieben?	18 – 40
7	Generativität vs. Stagnation	Fürsorge	Kann ich bewirken, dass mein Leben zählt?	40 – 65
8	Ich-Integrität vs. Verzweiflung	Weisheit	Ist es in Ordnung, ich gewesen zu sein?	65

Sorgen und Freuden des Alltags

In einem Gedicht von Charles Bukowski (1920–1994)
heißt es: »Es sind nicht die großen Dinge, die einen
Menschen ins Irrenhaus bringen ... Es ist die kontinu-

Lachtherapie

Ein eindrucksvolles Beispiel für das Potenzial psychologischer Intervention zur Verbesserung der Gesundheit und einer möglichen Krankheitsbehandlung ist die Lachtherapie, die erstmals 1979 mit der Veröffentlichung von *Anatomy of an Illness* von Norman Cousins (1915–1990) eine breite medizinische Öffentlichkeit erreichte. Ausführlich beschreibt er seine Selbstbehandlung einer schmerzhaften, offensichtlich schweren und unheilbaren Krankheit. Da die Ärzte anscheinend nicht viel für ihn tun konnten, entließ sich Cousins selbst aus dem Krankenhaus, checkte in ein Hotelzimmer ein und sah sich Comedy-Filme und -Sendungen wie die Marx Brothers und *Candid Camera* (US-amerikanische Realityshow mit versteckter Kamera – Anm. d. Übers.) an. Er stellte fest, dass er durch Lachen seinen Schmerz lindern und schlafen konnte. Auch andere Beweise deuten darauf hin, dass Lachen tatsächlich eine direkte, positive Wirkung auf das Immunsystem ausübt.

ierliche Aneinanderreihung kleiner Tragödien.« Davon inspiriert, erforschten der amerikanische Psychologe Allen Kanner und seine Kollegen die Auswirkungen kleiner Ereignisse auf die Gesundheit. Sie entwarfen eine *Hassles scale* (dt. »Belastungsskala«) mit 117 Punkten, mit der Teilnehmer den durch Alltagssorgen und -schwierigkeiten ausgelösten Stress bewerten sollten – von Geldproblemen und Verkehrsstaus über Ehestreits und berufliche Enttäuschungen bis zu Körperwahrnehmung und Pech. Sie definierten Alltagsbelastungen (engl. *daily hassles*) als »ärgerliche, frustrierende und anstrengende Anforderungen, die zu einem gewissen Grad aus dem alltäglichen Austausch mit der Umwelt resultieren.« Zu den Punkten auf der Skala gehören:

- Nicht genug Zeit für die Familie

- Nicht genug Geld für Spaß oder Erholung

- Gerüchte

- Berufliche Enttäuschungen

- Formulare ausfüllen

Da sie positive Emotionen als gesundheitsförderlich einstuften, stellten sie auch eine Auswahl an 135 Punkten zusammen, die sie *uplifts* (dt. »stimmungsaufhellende Faktoren«) nannten:

- Freiwilligenarbeit leisten

- Gutes Verhältnis zu Kolleginnen und Kollegen

- Etwas wiederfinden, das man verloren geglaubt hatte

- Effizient sein

- Auswärts essen

- Dinge für zu Hause kaufen

Kanner und sein Team fanden heraus, dass sich die fünf häufigsten Belastungen auf das Gewicht, die Gesundheit eines Familienmitglieds, steigende Preise für Gemeinschaftsgüter, die Haushaltsführung und zu viele anstehende Erledigungen beziehen. Die fünf häufigsten *uplifts* waren eine gute Beziehung zum Partner/zur Partnerin und zu Freunden, das erfolgreiche Bewältigen einer Aufgabe, Gesundheit und ausreichend Schlaf. Als die Wissenschaftler die Belastungs- und Zufriedenheitswerte mit den Symptomen psychischer Erkrankungen verglichen, fanden sie heraus, dass mit ihrer Belastungsskala präzisere Vorhersagen zu stressbedingten Problemen wie Angst und Depression möglich sind als mit der Holmes- und Rahe-Stress-Skala. Belastungen konnten zudem bessere Vorhersagen in Bezug auf das Wohlbefinden treffen als die Faktoren, die zu Zufriedenheit führen. Letztere hatten erwiesenermaßen einen positiven Effekt auf das Stressniveau von Frauen, aber nicht von Männern. Kanner erklärte diese Auswirkungen mit zwei Mechanismen: »Akkumulation«, bei der sich kleine, konstante Stressfaktoren zu einer größeren Stressreaktion aufbauen, und »Verstärkung«, bei der eine schwerwiegendere Stressursache den Effekt kleinerer Belastungen verstärkt.

Das alternde Gehirn

Die Neurogenese (die Produktion neuer Nervenzellen) ist bis zum Ende der Adoleszenz größtenteils abgeschlossen. Danach verliert das alternde Gehirn immer mehr Neuronen. Doch damit nicht genug:

- Im späten Erwachsenenalter verliert man mehr als 100.000 Nervenzellen pro Tag. Im Vergleich zur Gesamtmenge (etwa 100 Milliarden) ist dies nur ein kleiner Bruchteil, doch im Alter von 80 bis 90 Jahren sind bis zu 40 Prozent der kortikalen Zellen verlorengegangen. Außerdem wird der Cortex dünner und Ventrikel – mit Flüssigkeit gefüllte Hohlräume – vergrößern sich leicht. Diese Veränderungen wirken sich jedoch nicht sehr stark auf die Gehirnleistung aus.

- Gravierender ist die verminderte Blutzufuhr zum Gehirn, wodurch es verlangsamt wird und sich Blutgerinnsel bilden können (die zu Schlaganfällen führen).

- Das Gehirn wird auch anfälliger für degenerative Erkrankungen wie Alzheimer: Dabei sammeln sich Eiweißablagerungen um Neuronen herum an, sodass ihre Funktion gestört und die Dichte ihrer möglichen Verbindungen reduziert werden.

Diese unbestreitbaren Tatsachen der Biologie haben auf Seiten der Alterspsychologie zur Entwicklung des Dekrementmodells geführt, dem zufolge das Älterwerden eine Zeit des geistigen Verfalls ist. Doch ist es tatsächlich so einfach?

Nimmt die Intelligenz im Alter ab?

Forschungen zu verschiedenen IQ- und anderen kognitiven Tests haben ergeben, dass es auf dem Spektrum der intellektuellen Fähigkeiten kein einheitliches Muster für altersbedingte Veränderungen gibt. Nach dem amerikanischen Psychologen K. Warner Schaie (geb. 1928), einem der führenden Experten auf dem Gebiet und Gründer der zu Mitte des 20. Jahrhunderts durchgeführten *Seattle Longitudinal Study (SLS)*, bedeutet dies:

- IQ-Tests sind »unzureichend, um altersbedingte Veränderungen in Bezug auf intellektuelle Funktionen zu überprüfen.«

- Ein differenzierterer Ansatz ist nötig, um feststellen zu können, in welchem Ausmaß kognitive Fähigkeiten im hohen Alter erhalten bleiben.

- Insgesamt gibt es in der Bevölkerung bei den Unter-60-Jährigen keine eindeutigen Anzeichen für einen kognitiven Abbau. Obwohl ab 74 Jahren für die meisten Funktionen ein geistiger Verfall zu beobachten ist, konnten Wissenschaftler, die Personen ihr Leben lang auf ihre Leistungsfähigkeit prüften, bei weniger als der Hälfte der Teilnehmer von 81 bis 88 Jahren einen bedeutenden geistigen Verfall feststellen.

Die Nonnen aus Mankato

Eine berühmte Studie belegt, dass auch noch sehr alte Menschen einen messerscharfen Verstand unter Beweis stellen können. In der Nonnenstudie von Mankato nahm eine Gruppe älterer Nonnen aus dem Kloster der *School Sisters of Notre Dame on Good Counsel Hill* in Mankato, Minnesota, an einer Reihe von Tests teil. Es wurden auch Vergleiche mit Werten angestellt, die viele Jahre zuvor über die Nonnen gesammelt worden waren. Viele Nonnen waren sehr alt geworden – manche über hundert. Die Studie ergab, dass es möglich ist, geistige Mobilität und Schärfe bis zu einem Alter von 100 Jahren und darüber hinaus zu erhalten. Viele der älteren Nonnen schnitten in den Tests so hoch wie eh und je ab und stellten ihre geistige Schärfe im Alltag bei Lern- und Lehraktivitäten, beim Lesen und Debattieren und bei geistig anspruchsvollen Freizeitbeschäftigungen wie Kreuzworträtseln und Rätseln unter Beweis.

Veranlasst von Schaies *Seattle Longitudinal Study*, die 1956 begann und über 50 Jahre die psychologische Entwicklung von etwa 6000 Menschen aller Altersgruppen verfolgte, erhöhten die US-amerikanische und kanadische Regierung das Renteneintrittsalter für viele Berufe und erkannten damit die Ergebnisse der Studie über den Erhalt kognitiver Fähigkeiten als gültig an.

Körperliche, geistige und gesellschaftliche Faktoren tragen ebenfalls zum Erhalt kognitiver Fähigkeiten bei:

- Körperliche Fitness, aerobe Ausdauer und die Abwesenheit kardiovaskulärer oder anderer chronischer Krankheiten sind wichtig. Laut Waneen Spirduso (geb. 1936), Leiter des Instituts für Gerontologie an der University of Texas in Austin, gibt es zwei Faktoren, mit denen das Abschneiden einer älteren Person in Tests für geistige Mobilität am besten vorhergesagt werden kann: die Anzahl der Jahre, in denen sich die Person in der Vergangenheit sportlich betätigt hat, und ihre aktuelle aerobe Kapazität.

- Zu den sozialen Faktoren gehören ein höherer sozio-ökonomischer Status, eine komplexe, stimulierende Umgebung und Lebensweise sowie die Beziehung zu einem Partner, der ebenfalls seinen kognitiven Zustand beibehält.

- Erwiesenermaßen hängt auch die Persönlichkeit mit dem Erhalt kognitiver Funktionen zusammen.

Wer flexibler durchs Leben geht, kann seine geistigen Fähigkeiten besser erhalten.

- Der Zustand der Wahrnehmungsfähigkeit einer Person ist ebenfalls von großer Bedeutung: Zum Beispiel ist der Erhalt der Hör- und Sehkraft mit einer besseren Kognition verbunden.

Verschlechtert sich das Gedächtnis?

Wie bei der Intelligenz ist die Frage, wie sich das Gedächtnis mit fortschreitendem Alter verändert, differenziert zu betrachten. Das Langzeitgedächtnis nimmt im hohen Alter tatsächlich ab, was sich größtenteils auf das Abrufen von Erinnerungen auswirkt. Allerdings ergaben spezifische Tests – zum Beispiel zur Gedächtnisspanne –, dass das Arbeitsgedächtnis bis zu einem sehr hohen Alter fast gar nicht beeinträchtigt ist, auch wenn ihm Aufgaben schwerfallen, die eine geteilte Aufmerksamkeit erfordern, zum Beispiel dichotisches Hören (bei dem auf jedem Ohr unterschiedliche Geräusche abgespielt werden). Dies könnte mit dem »Stabilitäts-Plastizitäts-Dilemma« zusammenhängen.

Plastizität ist die Fähigkeit des Gehirns, sich neu zu vernetzen, indem entweder neue Neuronen oder neue

Verbindungen zwischen bestehenden Neuronen gebildet werden. Plastizität erklärt zum Beispiel, wie sich das Gehirn von Verletzungen erholt oder wie Menschen mit Amputationen lernen, ihre Prothesen zu steuern. Plastizität ist der Schlüssel zu allen möglichen Lernmethoden.

- Ursprünglich wurde angenommen, dass Plastizität jungen Gehirnen vorbehalten ist, was jedoch nicht stimmt.

- Laut Kurt Fischer (geb. 1943), Professor für Erziehungswissenschaften und Leiter des *Mind, Brain and Education Program* der Harvard University, ist das »Gehirn bemerkenswert plastisch. Selbst im mittleren oder hohen Alter passt es sich äußerst aktiv an seine Umgebung an.«

- Die kognitive Neurowissenschaftlerin Patricia Reuter-Lorenz von der University of Michigan in Ann Arbor betont das »fortwährende Potenzial des Gehirns für Plastizität, Reorganisation und Erhaltung der Fähigkeiten«, d.h. ältere Menschen können höchst effizient sein, wenn sie neue Informationen und Fähigkeiten lernen sollen. Zum Beispiel zeigte eine 2007 in der Zeitschrift *Neurology* veröffentlichte Studie, dass bei Tests mit neuen Flugsimulatoren 40- bis 69-jährige Piloten Zusammenstöße erfolgreicher abwenden konnten als jüngere Piloten, auch wenn sie länger brauchten, um die Steuerung der Simulatoren zu lernen.

Es gibt jedoch etwas, das den Lernprozess bei älteren Menschen behindern kann: »Stabilität« – wie Psychologen es nennen –, die Fähigkeit eines Lernsystems trotz irrelevanter Einflüsse stabil zu bleiben. Ältere Menschen verfügen über weniger stabile Lernsysteme und können leichter durch Ablenkungen und Einflüsse gestört werden. Im Jahr 2014 belegte eine Studie der Brown University, dass ältere Menschen bei visuellen Wahrnehmungsaufgaben schlechter abschnitten, da es ihnen wegen Instabilität nicht gelang, irrelevante Reize auszublenden.

Professor Takeo Watanabe, der Hauptautor der Studie, wies auf folgenden Sachverhalt hin: »Die Plastizität bleibt vielleicht gut erhalten, doch wir haben herausgefunden, dass es ein Problem mit der Stabilität gibt. Unsere Lern- und Erinnerungsfähigkeit ist begrenzt. Es ist nicht wünschenswert, dass ältere, existierende und wichtige Informationen, die bereits abgespeichert wurden, durch unbedeutende ersetzt werden.« Studien wie diese legen nahe, dass der Lernprozess älterer Menschen durch Übungen verbessert werden kann, sodass verwirrende Einflüsse effizienter ausgeblendet werden können.

Freunde und Familie

So wie intrapersonale Veränderungen stattfinden, die Erikson in seiner psychosozialen Theorie (siehe Seite 166 ff.) beschreibt, verändert sich auch die interpersonale Psychologie im Lauf der Zeit und ist nicht statisch. Die Art und Weise, wie Menschen Beziehungen zu Freunden und Familie führen, verändert sich im Alter und hat maßgebliche Folgen für die mentale und physische Gesundheit.

Die wichtigste Erkenntnis aus sozialpsychologischen Umfragen zum Älterwerden lautet wie folgt: Die Anzahl von sozialen Bezugspersonen (Bekannten, Freunden und Familienmitgliedern) nimmt im Alter ab. Besonders die Anzahl peripherer Bezugspersonen sinkt, was jedoch gleichzeitig mit einem intensiveren Fokus auf nahestehende soziale Bezugspersonen einhergeht. Mit anderen Worten heißt das: Ältere Menschen pflegen in der Regel weniger, aber tiefere Freundschaften und Beziehungen und reduzieren den Kontakt zu entfernten Bekannten. Diese Erkenntnis erweist sich in verschiedenen Ethnien und Kulturen als konsistent.

Die verstärkte Ausrichtung auf Kernbeziehungen geht mit psychologischen Vorteilen einher. Berichten zufolge steigt im Alter die Zufriedenheit, wenn mit Freunden und Familienmitgliedern eine enge Bindung gepflegt wird. Besonders nimmt im hohen Alter die Zufriedenheit mit dem Ehepartner/der Ehepartnerin zu. Gute Beziehungen sind mit Vorteilen für die psychische Gesundheit verbunden, zum Beispiel gehen positive Geschwisterbeziehungen mit niedrigeren Depressionsraten einher und im hohen Alter gibt es auch einen starken Zusammenhang zwischen Familienstand und Glück (verheiratete Menschen sind in der Regel glücklicher als Singles).

Der Erhalt bedeutender Beziehungen bis ins hohe Alter wird außerdem auch mit einem besseren Umgang mit Stress, einer niedrigeren Krankheitsanfälligkeit, einer schnelleren Genesung und mit einem verminderten Mortalitätsrisiko verbunden. Außerdem gehen mit ihnen niedrigere Depressionsraten sowie weniger Angst- und Schlafstörungen einher. Allerdings sind nicht alle engen Bindungen vorteilhaft: Beziehungen, in denen man sich um andere kümmert, nehmen ältere Menschen in Bezug auf ihr Wohlbefinden im Allgemeinen (wenn auch nicht immer) negativ wahr, was mit dem Stress und den Anforderungen solcher Rollen zusammenhängt.

7

Alles Wissenswerte über

PSYCHISCHE ERKRANKUNGEN

Für die Erforschung und Behandlung psychischer Erkrankungen gibt es jede Menge Fachbegriffe, die häufig verwirrend sind, da sie sich auf sehr feine, nuancierte Art und Weise voneinander unterscheiden. Zum Beispiel bezeichnet man die wissenschaftliche Lehre psychischer Erkrankungen als »Psychopathologie« oder (besonders im englischen Sprachraum – Anm. d. Übers.) als »abnormale Psychologie« – was die Frage aufwirft, was eigentlich »normal« ist. Davon abzugrenzen ist die klinische Psychologie, ein professionelles

Teilgebiet der Psychologie, das sich mit psychischen Erkrankungen befasst.

Sowohl die abnormale als auch die klinische Psychologie untersuchen das Wesen, den Ursprung, die Diagnose, Klassifizierung, Behandlung und Prävention psychischer Erkrankungen und geistiger Behinderungen, doch erstere verfolgt dabei einen wissenschaftlichen/akademischen und letztere einen auf die Gesundheit/Behandlung ausgerichteten Ansatz. Die klinische Psychologie ist nicht zu verwechseln mit der Psychiatrie, einer medizinischen Fachdisziplin, die sich mit psychischen Erkrankungen beschäftigt, obwohl die Unterschiede vorwiegend die Ausbildung und gesetzliche Befugnisse betreffen (zum Beispiel ist ein Psychiater ein Arzt, der sich auf psychische Erkrankungen spezialisiert hat). In gewisser Hinsicht spiegeln diese unterschiedlichen Begriffe die Geschichte der psychischen Erkrankungen, ihrer Lehre und Behandlung wider.

PSYCHISCHE ERKRANKUNGEN IN DER GESCHICHTE

Die frühesten Belege, die uns über die medizinische Behandlung von psychischen Erkrankungen und somit über ihre Existenz informieren, stammen von prähistorischen Schädeln, in die Löcher gebohrt wurden. Dieses Verfahren nennt sich »Trepanation« und wird heute noch von einigen Sonderlingen praktiziert. Anscheinend war es in prähistorischen Zeiten weit verbreitet – oder zumindest fest etabliert –, bedenkt man die geografische Reichweite, in der es Anwendung fand, und das Können, mit dem es durchgeführt wurde. Höchstwahrscheinlich wollte man mit Trepanation Schwellungen im Gehirn behandeln, die durch Kopfverletzungen entstanden waren. Die Funde könnten jedoch auch auf prähistorische Glaubenssätze hindeuten, nach denen psychische Erkrankungen mit bestimmten Eigenschaften oder Entitäten im Gehirn gleichgesetzt wurden. Vielleicht nahm man zum Beispiel an, dass Wahnsinn von bösen Geistern verursacht wurde und wollte diese durch ein Loch im Kopf befreien.

Antike Schilderungen von Wahnsinn

Biblische und mythische Quellen zeugen von dem Glauben, dass psychische Erkrankungen übernatürlichen Ursprungs sind. Als Beispiele sind hier die biblische Erzählung über den von Wahnsinn befallenen König Saul zu nennen, der von einem »bösen Geist« Gottes heimgesucht wird, oder die Geschichte des Herkules, der von der Göttin Hera in den Wahnsinn geschickt wird.

Doch entgegen weitverbreiteter Ansichten wurden psychische Erkrankungen in vorwissenschaftlichen Kulturen auch auf biologische oder psychologische Ursachen zurückgeführt. Aus der Antike sind eindeutige Belege erhalten, in denen Ärzte nach rationalen, natürlichen Erklärungen suchten. Außerdem gibt es bemerkenswert viele Überschneidungen zu heutigen Diagnosen.

Traumtempel

In der Traumtherapie, die in eigens für diese Praxis vorgesehenen Institutionen durchgeführt wurde, kombinierte man Magie und Mystik mit psychologischen Behandlungsansätzen. In Tempeln, die dem legendären Heiler Asklepios – dem Gott der Medizin – geweiht waren, beteten Patienten um heilende Träume, bevor sie sich im *abaton* schlafen legten – einem unterirdischen Ort, der ausschließlich für diesen Zweck vorgesehen war. Unterschiedliche psychische Erkrankungen wurden an verschiedenen Kultstätten behandelt: Im Tempel in Megara wurden emotionale Störungen therapiert, der Tempel in Epidaurus war auf psychische Erkrankungen spezialisiert, die mit dem Blut der Medusa assoziiert wurden, und der Tempel in Trikka war für Hysteriker vorgesehen.

Zum Beispiel führt der legendäre Heiler Melampus in der antiken griechischen Legende von Iphiklos (einem Argonauten, der unter Unfruchtbarkeit oder – je nach Quelle – Impotenz litt) eine typisch freudianische Analyse durch. Iphiklos' Leiden wird zumindest zum Teil für psychogen (von psychologischen Faktoren verursacht) gehalten und Melampus führt Iphiklos' Erkrankung auf ein Ereignis in dessen Kindheit zurück. Damals fürchtete sich Iphiklos vor dem Anblick seines Vaters, der ein blutiges Schwert schwang. Allerdings kommt dann Magie ins Spiel, da die Heilung in einem Trank besteht, der aus dem Rost der besagten Klinge gebraut wird.

Antike Diagnosen und Therapien

Der griechische Arzt Hippokrates (um 460–370 v. u. Z.) begründete psychische Störungen offensichtlich mit natürlichen Ursachen, die er auf das Gehirn zurückführte. In der Medizin vertrat er einen holistischen Ansatz und sah einen Zusammenhang zwischen psychischen Störungen und Persönlichkeit, Stimmungen sowie dem Ungleichgewicht von Körperflüssigkeiten. Wo Hippokrates von *hūmorēs* (dt. »Körpersäften«, siehe Seite 84 f.) sprach, würde ein moderner Arzt von Neurotransmittern oder neuroendokrinen Zellen sprechen.

Der griechisch-römische Arzt Galenos (130–210) vertrat die These, dass geistige Krankheiten sowohl biologische Ursachen wie Kopfverletzungen oder Alkoholkonsum als auch psychologische Ursachen wie Trauer oder Stress haben können.

Für ihre Diagnosen definierten die antiken Griechen und Römer verschiedene Leiden, die sich nicht sonderlich von modernen Diagnosen unterscheiden, darunter:

- Melancholie – ähnlich der modernen Diagnose von Depression –, Demenz, Manie mit Symptomen wie Raserei und Euphorie sowie Hysterie – ähnlich der heutigen Konversionsstörung, bei der sich psychologischer Stress durch körperliche Symptome zeigt (z. B. hysterische Blindheit).

- Wie moderne Psychologen unterschieden sie auch zwischen Wahn (falsche Überzeugung) und Halluzination (Dinge sehen, hören und anderweitig wahrnehmen, die nicht da sind).

- Der römische Staatsmann und Philosoph Cicero (106–43 v. u. Z.) erstellte sogar einen Fragebogen, der bei der Bewertung psychischer Erkrankungen helfen sollte. Er umfasste Fragen zum *habitus* (dt. »Erscheinung«), *orationes* (dt. »Sprache«) und *casus* (dt. etwa »bedeutende Lebensereignisse«, was an die Holmes- und Rahe-Stress-Skala erinnert, siehe Seite 169).

- Viele der damaligen Behandlungen waren menschlich und einfühlsam. Zum Beispiel verschrieb Hippokrates Ruhe, gesunde Ernährung und Sport und später empfahlen griechische und römische Ärzte Musik, Massagen und Bäder.

Mittelalterlicher Wahnsinn

Bis in die Frühe Neuzeit blieben die meisten psychisch kranken Menschen in ihrer Gemeinschaft und waren von der Pflege ihrer Familie abhängig. Doch im Mittelalter entstanden Institutionen, die als Stätten für Geisteskranke dienten. Für diese Anstalten, denen das berüchtigte *Bedlam* (eigentlich *Bethlem Hospital*) als Vorbild diente, war eine langfristige Einkerkerung der Patienten anfangs nicht vorgesehen. Aus den Aufzeichnungen des Bethlehem Hospitals geht hervor, dass die meisten neueingewiesenen Patienten damit rechneten, nach wenigen Wochen oder Monaten heimzukehren,

Bedlam

Bedlam ist der Spitzname eines Londoner Krankenhauses, das eigentlich *Bethlem Royal Hospital* heißt. Ursprünglich war es ein Priorat für Ritter (eine Art religiöse Herberge), das 1247 gegründet wurde und zur *Church of St Mary of Bethlehem* gehörte – daher auch der Name. Im Jahr 1329 war es ein Krankenhaus, in dem Obdachlose und Kranke – einschließlich psychisch kranke Menschen – Zuflucht, Essen und grundlegende Pflege erhielten. Im Jahr 1403 wurde es zu einer Anstalt für psychisch kranke Menschen, die aus ganz England kamen und deren Familien nicht für sie sorgen konnten.

Henry VIII. schenkte das *Bethlem Hospital* 1547 der Stadt London und es wurde zur ersten und einzigen öffentlichen Nervenheilanstalt Englands, was bis weit ins 19. Jahrhundert hinein sein Alleinstellungsmerkmal blieb. Im Jahr 1676 erfolgte der Umzug in ein größeres neues Gebäude mit einer barocken Fassade, die der Naturphilosoph Robert Hooke entworfen hatte. Im Laufe

doch einer Patientenliste von 1598 zufolge hielt sich zumindest eine Frau 25 Jahre lang dort auf.

Mittelalterliche Autoritäten führten Irrsinn, der »Idiotie« genannt wurde, auf natürliche, rationale Urdes folgenden Jahrhunderts wurde der Name *Bedlam* zu einem Synonym von Chaos und »tobenden Verrückten« und es kamen immer mehr Besucher, die die Anstalt zu Unterhaltungszwecken aufsuchten. Der reisende deutsche Gelehrte von Uffenbach hielt fest, dass er die Anstalt 1710 in der Hoffnung besuchte, einen Patienten zu sehen, »der den ganzen Tag perfekt wie ein Hahn gekräht haben soll«, wurde aber von den Pflegern zu einem anderen Patienten geführt: »Der närrischste und lächerlichste (...) war einer, den sie den *Captain* nannten (und der sich einbildete), er sei ein *Captain*, wie er dann auch einen hölzernen großen Degen an der Seite trug und viele Hahnenfedern rings herum auf dem Hut stecken hatte. Er wollte die anderen kommandieren und machte allerhand Narrenpossen.« Öffentliche Besuche wurden 1770 schließlich untersagt. Heute liegt das Krankenhaus am südlichen Rand von London, wo es weiterhin existiert.

sachen zurück. »Wahnsinn wurde überwiegend als Krankheit des Körpers und Gehirns wahrgenommen«, so der Mittelalterhistoriker David Roffe. Bei Untersuchungen zur Feststellung von Todesursachen wurde nach Möglichkeit nach natürlichen oder körperlichen Ursachen gesucht. Im Jahr 1309 gelangte zum Beispiel eine Untersuchung zu dem Schluss, dass Bartholemew de Sakeville aufgrund eines akuten Fieberleidens der Idiotie anheimgefallen war. Im Jahr 1349 führte man Robert de Irthlingboroughs Gedächtnisverlust und seine darauffolgende Idiotie auf einen Schlag auf den Kopf zurück, den er sich beim Lanzenstechen zugezogen hatte.

Die Behandlungsansätze für psychische Erkrankungen waren bestenfalls begrenzt und erstreckten sich nach Roffe über die »typischen Ernährungs- und Kräuterkuren und operativen Eingriffen der klassischen Medizin«. Das Ziel dieser Therapien bestand darin, grundlegende Eigenschaften wie Hitze oder Trockenheit wieder ins Gleichgewicht zu bringen. Zudem verwendete man verschiedene Lebensmittel und Kräuter – insbesondere Gewürze –, denen besondere Heileigenschaften zugeschrieben wurden. Ernährungskuren umfassten zum Beispiel den extensiven Gebrauch von Pfeffer, Kreuzkümmel, Kardamom, Zimt und Nelke und die chirurgische Behandlung war hauptsächlich auf den Aderlass und die Blutegeltherapie beschränkt (so sollten übermäßige Körpersäfte abfließen und das Immunsystem wieder ins Gleichgewicht gebracht werden). Allerdings wurden die Unglücklichen, die an Orten wie *Bedlam* festsaßen, schlichtweg in Ketten gelegt.

Irrenärzte und Psychiater

Um 1800 wurden Ärzte, die sich auf psychische Erkrankungen spezialisierten, in der Regel »Irrenärzte« und später »Nervenärzte« genannt. Die Bezeichnung »Psychiater« sollte sich erst ein Jahrhundert später durchsetzen, als die Entwicklungen in Paris, dem damaligen Forschungs- und Anwendungszentrum des Fachgebiets, die psychiatrische Theorie und Praxis nachhaltig änderten. Dreh- und Angelpunkt dieser Entwicklungen war das Krankenhaus *La Salpêtrière*, wo Jean-Martin Charcot (1825–1893) als Professor für pathologische Anatomie arbeitete. Damals lokalisierten die Nervenärzte die Ursachen für psychische Erkrankungen im Gehirn und glaubten, dass Krankheiten wie Schizophrenie und psychotische Depression auf ähnliche Ursachen wie zum Beispiel die Parkinson-Krankheit zurückzuführen seien und durch Verletzungen im Gehirn ausgelöst würden.

Anfangs beharrte Charcot darauf, dass er sich nicht für psychische Erkrankungen interessiere, doch durch seine Arbeit mit »Hysterikerinnen« (Frauen, die neben scheinbar physischen und neurologischen auch neuro tische Symptome zeigten) begründete er gewissermaßen ein neues Fachgebiet: Die Neurologie, die Lehre von Störungen des Nervensystems. Da er kein Nervenarzt war, war er offen für neue Ansätze, mit denen er Hysterie und andere psychische Erkrankungen besser verstehen wollte. Zudem wurde eine neue Generation von Ärzten – darunter Freud und der visionäre französische Philosoph und Psychologe Pierre Janet – von ihm dazu inspiriert, psychologische Erklärungen zu entwickeln. Später fasste Jung seine Unzufriedenheit über das vorherrschende biologische Modell der Nervenärzte wie folgt zusammen: »Geisteskrankheiten sind Hirnkrankheiten‹ lautete die Maxime, die einem im Grunde nichts erklärte.«

Durch ihre Arbeit mit Charcot und seinem Team begannen Freud und Janet einen Schwerpunkt auf die Psychologie psychischer Erkrankungen zu legen – also weder auf ihre Physiologie noch auf ihre Neurologie. Ironischerweise trug die Neurologie daher zur Entstehung der Psychoanalyse und Tiefenpsychologie bei. Danach fokussierten sich Psychiater zunehmend auf die psychologischen Ursachen und Therapien von psychischen Erkrankungen.

Die Rosenhan-Studie

Im Jahr 1973 ließ die Zeitschrift *Science* eine Bombe platzen: Sie veröffentlichte die Studie *On being sane in insane places* des Psychologen David Rosenhan (1929–2012) von der Stanford University. Um die Praxis von psychiatrischen Kliniken zu untersuchen, schickte Rosenhan Freiwillige in mehrere psychiatrische Einrichtungen, wo sie behaupteten, unter akustischen Halluzinationen zu leiden, um sich selbst einzuweisen und mit psychiatrischen Störungen diagnostiziert zu werden. Nach ihrer Einweisung verhielten sich die Freiwilligen jedoch vollkommen normal und sagten den Pflegern, dass es ihnen gut gehe. Allerdings durften sie die Einrichtungen nur verlassen, wenn sie zugaben, unter einer psychischen Erkrankung zu leiden. Außerdem mussten sie sich als Bedingung für ihre Entlassung mit der Einnahme von Medikamenten einverstanden erklären. Als eine Klinik Einwände gegen die Studie erhob und Rosenhan aufforderte, Freiwillige zu schicken, erklärte er sich einverstanden. Das Krankenhaus berichtete, dass von den 250 neuen Patienten, die in den darauffolgenden Wochen aufgenommen wurden, mehr als 40 unter dem Verdacht standen, »Pseudopatienten« zu sein. In Wahrheit hatte Rosenhan gar keine Freiwilligen ausgesandt.

Chemische Lösungen

Die Psychoanalyse und ähnliche psychotherapeutische Techniken wurden das vorherrschende Paradigma der Psychiatrie, doch bei der Behandlung überaus schwerer psychischer Erkrankungen – wie Psychosen und deren charakteristischen Symptomen wie Wahnvorstellungen, Halluzination und Depression – erwies sich die Gesprächstherapie größtenteils als ineffizient. Wer unter Krankheiten wie Schizophrenie, bipolarer Störung und psychotischer Depression litt, musste sein Dasein eingesperrt in Anstalten fristen, wo bestenfalls die Hoffnung bestand, vernünftig betreut und daran gehindert zu werden, sich selbst oder anderen etwas anzutun.

In den 1940er-Jahren änderte sich alles durch die Entwicklung von Psychopharmaka, beginnend mit Neuroleptika, einem Antipsychotikum, das erstmals eine gewisse Kontrolle über stark ausgeprägte Symptome wie Halluzination und Wahnvorstellung ermöglichte. Daraufhin folgten weitere Therapien mit Psychopharmaka, darunter Antidepressiva und Anxiolytika zur Angstbehandlung. Die Psychopharmakotherapie revolutionierte die psychiatrische Medizin, sodass viele einst therapieresistente Patienten das Krankenhaus verlassen konnten. Wer unter einer weniger schweren Störung litt, konnte nun so etwas wie ein normales Leben führen. Zudem retteten Psychopharmaka durch die Prävention von Selbstmorden Tausenden das Leben.

Allerdings können psychoaktive Medikamente mit schweren Nebenwirkungen verbunden sein, was besonders auf die Anfangszeit ihrer Entwicklung zutraf. Die übermäßige Verschreibung und schlechte Anwendungsmoral – vor allem in großen und häufig überlasteten psychiatrischen Kliniken – trugen zum Wachstum einer Anti-Psychiatrie-Bewegung bei, die sich immer lautstärker Gehör verschaffte. Enthüllungen über Diagnosefehler und die öffentliche Antipathie gegenüber Praktiken wie der Elektrokonvulsionstherapie (EKT) wurden 1975 durch die Veröffentlichung des Kinohits *Einer flog über das Kuckucksnest* noch verstärkt.

Fluoxetin

Die frühen Antidepressiva gehörten zur Klasse der Monoaminooxidase-Inhibitoren (MAOI) und Trizyklischen Antidepressiva (TZA). Mit ihrer Hilfe wird das Niveau der Neurotransmitter Noradrenalin und Serotonin im Gehirn erhöht. Ihre Wirkung war bemerkenswert: Sie retteten Leben und gaben psychisch Kranken Zeit, eine angemessene Behandlung einzuleiten. Sie können bei der Wiederherstellung von Schlafmustern, Appetit und Energie helfen. Durch ihre Einnahme wurde es für Patienten leichter, sich auf ihre Probleme zu konzentrieren und eine Einweisung abzuwenden. Zugleich können sie mit sehr schweren mentalen und physischen Nebenwirkungen einhergehen: trockener Mund, Kopfschmerzen, Erkältung, Übelkeit, unscharfes Sehen, Verwirrung, Gewichtszunahme und verspätete Ejakulation/verzögerter Orgasmus.

Im Jahr 1987 kam ein neues Antidepressivum mit dem Wirkstoff Fluoxetin (Handelsname Deutschland: Fluctin, USA: Prozac) auf den Markt. Dabei handelt es sich um einen Selektiven Serotonin-Wiederaufnahmehemmer (SSRI), der nur auf einen speziellen Neurotransmitter wirkt, mit weniger Nebenwirkungen als andere Antidepressiva verbunden ist und überaus effektiv ist. Kurz darauf wurde es zum bestverkauften Antidepressivum aller Zeiten. In den ersten Jahren nach seiner Markteinführung wurde Prozac in den USA als Wundermittel gehandelt, das jede Menge öffentliche Aufmerksamkeit und Unterstützung erhielt. Schon bald erkundigten sich Menschen, die sich nie hätten vorstellen können, etwas gegen Gemütsstörungen einzunehmen, explizit nach Prozac. Was geschah dann?

- Der Rückschlag war unvermeidlich: In der Praxis ist Fluoxetin kein Wundermittel gegen Depression, sondern lindert depressive Symptome effizient bei 60 bis 80 Prozent der Patienten – eine ähnliche Erfolgsquote haben auch andere Antidepressiva.

- Wie andere Antidepressiva ist Fluoxetin mit Nebenwirkungen verbunden – insbesondere in Bezug auf die Sexualfunktion – und viele Patienten beschweren sich, dass Fluoxetin nicht nur Stimmungstiefs ausgleicht, sondern auch Stimmungshochs verhindert.

- Wachsende Ängste vor übermäßiger Verschreibung (und vor einer Inflation an Depressionsdiagnosen) sowie Horrorgeschichten, die den Wirkstoff Fluoxetin mit gewalttätigen Ausbrüchen und Selbstmord in Verbindung brachten, ließen Zweifel an den ursprünglichen Testverfahren und der Sicherheit des Antidepressivums aufkommen, auch wenn es nach wie vor gemeinhin gegen Bulimie, Angststörungen und bestimmte Verhaltensstörungen bei Kindern verschrieben wird.

Und wussten Sie, dass ...?

- Mehr als einer von zehn Amerikanern über zwölf Jahren Antidepressiva nimmt und diese in Amerika im Jahr 2010 mehr als 254 Millionen Mal verschrieben wurden.

- Antidepressiva die am zweithäufigsten verschriebene Medikamentenklasse sind.

Und all das ungeachtet der Tatsache, dass es weder ein wirkliches Verständnis davon gibt, wie und warum sie funktionieren, noch einen Beweis dafür, dass Leiden wie Depression tatsächlich infolge eines chemischen Ungleichgewichts im Gehirn entstehen. Viele psychologische Fachkräfte argumentieren, dass ihr Fachgebiet »zu biologisch« geworden sei und ein dogmatischer Schwerpunkt auf die physiologischen Aspekte psychischer Erkrankungen gelegt werde, obwohl diese vielleicht gar nicht existieren. Ihrer Meinung nach sollte stattdessen den psychologischen, sozialen und spirituellen Aspekten psychischer Gesundheit mehr Aufmerksamkeit geschenkt werden.

PSYCHISCHE ERKRANKUNGEN DEFINIEREN

Der Anti-Psychiatrie-Bewegung zufolge sind viele psychiatrische Definitionen willkürliche und ungültige Zuschreibungen für ungenaue Symptomkonstellationen, mit denen Verhaltensweisen als krankhaft bewertet werden, die aus den eng definierten Grenzen von »Normalität« herausfallen. Tatsächlich wirft der Begriff »abnormale Psychologie« die Frage auf, was Normalität auszeichnet. Dies ist eine zentrale Frage für die Theorie und Praxis psychologischer Behandlungen und hat enormen Einfluss auf Individuen und die Gesellschaft.

Die vier »Ds«

Es gibt kein alleiniges Kriterium für normales oder »neurotypisches« Verhalten, doch als allgemein anerkannte Kriterien gelten im englischen Sprachraum die vier Ds: *deviance* (dt. »Devianz, Abweichung«), *distress* (dt. »Stress«), *dysfunction* (dt. »Fehlfunktion«) und *danger* (dt. »Gefahr«). Sie alle sind umstritten, offen für Interpretationen und kontextabhängig.

- *Deviance* bezieht sich auf Gedanken und Verhaltensweisen, die von gesellschaftlichen Normen abweichen, und ist wohl unvermeidlich das umstrittenste Kriterium von allen. Gesellschaftliche Normen verändern sich und stimmen nicht zwangsläufig mit Moral überein – ganz zu schweigen von der historischen Perspektive. Im Kontext der abnormalen Psychologie stellt Homosexualität ein klassisches Beispiel dar. In Europa und den USA wurde Homosexualität bis vor nicht allzu langer Zeit als Abweichung eingestuft, was in vielen Teilen der Welt immer noch der Fall ist. In den 1950er- und 1960er-Jahren wurde Homosexualität mit der kontroversen Aversionstherapie »behandelt« und manche Gruppen plädieren auch heute noch für solche Methoden.

- *Distress* bezieht sich auf subjektive Leiden, die durch Gedanken und Verhaltensweisen hervorgerufen werden und stark kontextabhängig sind. Zum Beispiel ist Selbstverletzung ein Aspekt vieler religiöser Riten, während Anhänger riskanter Extremsportarten aus Spaß leichtsinnig sein können. Zugleich kann eine psychische Störung wie Manie euphorische Gefühle auslösen, obwohl sie aus objektiver Sicht gefährlich ist.

- *Dysfunction* bezieht sich auf die Fähigkeit einer Person, ein »normales« Leben zu führen, und auf die Frage, ob sich die Symptome auf die Kognition und das Verhalten auswirken und zum Beispiel die Arbeit oder das Familienleben beeinträchtigen.

- *Danger* bezieht sich auf die Frage, ob jemand eine Gefahr für sich oder andere darstellt, und stellt das entscheidende Kriterium für Abnormität dar. Im Grunde ist dieses Kriterium aber nur für wenige psychische Erkrankungen charakteristisch, weshalb es nur begrenzt nützlich ist.

Bei Grenzfällen ist das System der vier »Ds« besonders umstritten. Die Entscheidung, auf welcher Seite ein Individuum einzuordnen ist, könnte potenziell extreme und invasive Interventionen zur Folge haben. Kritiker argumentieren, dass durch das System – oder zumindest seine Auslegung – Nonkonformisten fälschlicherweise als krankhaft eingestuft würden, obwohl sie womöglich weder eine Bedrohung darstellen, noch eine Behandlung benötigen.

Aversionstherapie

Auf der behavioristischen Logik des einfachen Konditionierens aufbauend verfolgt die Aversionstherapie folgendes Anliegen: Das Subjekt soll darauf konditioniert werden, eine bestimmte Kognition, Einstellung oder Verhaltensweise mit negativen Reizen zu verbinden, indem es deren künstlich erzeugtem Zusammenspiel wiederholt ausgesetzt wird. Dies ist der Grundgedanke hinter dem Medikament Antabus (Disulfiram), das bei Alkoholkonsum Übelkeit und andere unangenehme Reaktionen hervorruft und Patienten darauf konditionieren soll, eine Abneigung gegen Alkohol zu entwickeln.

Zur »Behandlung« von Homosexualität wurde die Aversionstherapie bis in die 1960er-Jahre angewandt.

Das Diagnostische und Statistische Manual Psychischer Störungen (DSM)

Das Handbuch *Diagnostic Statistical Manual of Mental Disorders (DSM)* wurde 2013 von der *American Psychiatric Association* veröffentlicht und ist mittlerweile in seiner fünften Auflage erschienen (in Deutschland unter dem Namen *Diagnostisches und Statistisches Manual Psychischer Störungen DSM*). Es ist von großer Bedeutung – sowohl für die Psychologie insgesamt

In einem Beispiel aus dem Jahr 1935 wurden einem Mann Elektroschocks verabreicht, während er sich homoerotischen Fantasien hingab. Bei einem Experiment aus dem Jahr 1963 stand ein Mann barfuß auf einem elektrifizierten Metallboden und erhielt Elektroschocks, während ihm Bilder von nackten Männern gezeigt wurden. Angeblich soll das Subjekt nach 4000 Schocks bisexuell geworden sein. Ein Brite starb 1964 bei einer chemischen Aversionstherapie mit negativer Verstärkung (übelkeitserregenden Medikamenten zusammen mit Gesprächen über Homosexualität) und vermeintlich positiver Verstärkung (LSD zusammen mit heterosexuellen Fantasien).

als auch für die alltägliche Praxis der Psychiatrie und Psychologie in den USA und vielen anderen Teilen der Welt, die sich an diesem Werk orientieren. Laut eigener Definition ist das *DSM* eine »wichtige Ressource für die klinische Praxis«. Es wird dafür genutzt, »Diagnosen zu stellen und psychische Erkrankungen zu klassifizieren« und »soll eine objektive Bewertung von Symptomen in unterschiedlichen klinischen Kontexten ermöglichen.« Mit präzisen Checklisten sollen u. a. Psychologen, Psychiatern und Sozialarbeitern konsistente Diagnosen und Behandlungen ermöglicht werden.

Die Ursprünge des *DSM* reichen bis zu US-amerikanischen Volkszählungen aus dem 19. Jahrhundert zurück. Erhoben wurden dabei anfänglich Daten zu »Idiotie/Irrsinn« und im Jahr 1880 zu sieben Kategorien psychischer Erkrankungen: Manie, Melancholie, Monomanie, Parese, Demenz, Dipsomanie (Alkoholsucht) und Epilepsie. In den 1920er-Jahren übernahm die *American Psychiatric Association*, die kurz zuvor einen neuen Namen erhalten hatte, das Klassifikationsschema der WGO und nach 1945 überarbeitete sie dieses, um das erste *DSM* zusammenzustellen und 1952 zu veröffentlichen. Damals wurden Störungen und Erkrankungen als »Reaktionen« bezeichnet.

Inflation und Anstieg von Diagnosen

Über das *DSM* gibt es mittlerweile viele Kontroversen, insbesondere weil die Anzahl anerkannter Krankheiten explodiert ist. Die Statistiken des *DSM* wurden dafür verantwortlich gemacht, dass es seit dem Zweiten Weltkrieg im Westen zu einem rasanten Anstieg von psychiatrischen Krankheiten – oder zumindest ihren Diagnosen – gekommen ist. Zum Beispiel stieg in Großbritannien in den 50 Jahren nach 1945 die Häufigkeit von psychiatrischen Einweisungen um das Sechsfache, während in den USA von 1994 bis 2003 die Häufigkeit von Diagnosen bipolarer Störungen bei jungen Menschen um 4000 Prozent anstieg.

Dem *DSM* wird auch vorgeworfen, normale Gefühle und Verhaltensweisen zu pathologisieren, d. h. sie als Störungen zu klassifizieren (sogar Trauer), und für eine unverantwortlichen Anstieg von Diagnosen und somit auch von unnötigen medikamentösen Behandlungen verantwortlich zu sein. Laut Schätzungen von Robert Spitzer (1932–2015), der federführend bei der Überarbeitung des *DSM-III* war, könnten 20 bis 30 Prozent der mit dem *DSM* diagnostizierten Fälle »normale Reaktionen sein, die keine richtigen Erkrankungen sind.« Dr. Allen Frances (geb. 1942), Vorsitzender der Arbeitsgruppe des *DSM-IV*, warnte davor, Wutausbrüche fälschlicherweise als »disruptive Launenfehlregulationsstörung«, normale Altersvergesslichkeit als »schwache neurokognitive Störung« und eine schlechte Konzentration als »Aufmerksamkeitsdefizit-/Hyperaktivitätsstörung (ADHS)« bei Erwachsenen zu diagnostizieren.

Exzentrisch oder wahnsinnig?

Stellen Sie sich vor, Sie wären ein Psychiater/eine Psychiaterin und müssten entscheiden, ob Sie einen Patienten einweisen sollen, der folgende Eigenschaften aufweist: Nonkonformismus, Kreativität, extreme Neugier, Idealismus, obsessives Interesse für ein Hobby, seit der Kindheit das Bewusstsein, anders zu sein, Intelligenz, Offenheit, fehlendes Konkurrenzdenken, eigenartige Ernährungsgewohnheiten, unsoziales Verhalten, Schadenfreude, mangelnde Bindungen, keine Geschwister und schlechte Rechtschreibung. Im Allgemeinen würde eine Konstellation solcher Eigenschaften eine Person beschreiben, die abweichend und potenziell dysfunktional, aber nicht gefährlich oder verzweifelt ist. Sollte man so jemandem eine Psychopharmako- oder Gesprächstherapie anbieten? Die genannten Eigenschaften stammen von einer Exzentrizitäts-Checkliste von David Weeks, dem Autor einer bahnbrechenden Studie von 1995 über Exzentriker. Er schätzte, dass etwa eine von 5000 Personen ein »klassischer Exzentriker« sei.

SCHWERWIEGENDE PSYCHISCHE ERKRANKUNGEN

Wie wir gesehen haben, erkennt die etablierte Psychiatrie im Westen mindestens 300 Krankheiten an. Diese können grob in drei große Kategorien unterteilt werden: neurologische Erkrankungen, Psychosen und, als dritte Kategorie, Persönlichkeitsstörungen mit Angst und Neurosen.

Neurologische Erkrankungen

Diese betreffen das Nervensystem. Das US-amerikanische *National Institute for Neurological Disorders and Stroke* listet 445 neurologische Erkrankungen auf, darunter Entwicklungsstörungen (wie *Spina bifida*), Infektionen (z. B. Gehirnentzündung), Krebs (z. B. Hirntumor), Schlaganfall, genetische Krankheiten (Spinozerebelläre Ataxie), degenerative Erkrankungen (wie Alzheimer) und neuronale Fehlfunktionen (Epilepsie). Es gibt auch Erkrankungen mit psychologischen Komponenten (wie die Aufmerksamkeitsdefizit-/Hyperaktivitätsstörung (ADHS)) und solche mit physiologischen Ursachen, die mit höheren kognitiven Fehlfunktionen (wie Sprachverlust und Amnesie) einhergehen.

Besonders interessant sind diejenigen, die Hirnschäden mit spezifischen kognitiven Funktionen verknüpfen. Zu den klassischen Beispielen gehören Sprachverlust, Agnosie und Amnesie.

- Bei Sprachverlust werden bestimmte Hirnteile – wie das Wernicke-Areal – beschädigt, was zu cha-

Anterograde Amnesie

Anterograde Amnesie ist eine seltene Form der Gedächtnisstörung, bei der man die Fähigkeit verliert, neue Erinnerungen zu bilden. Das Kurzzeitgedächtnis funktioniert einwandfrei, doch es gibt Probleme beim Speichern und Abrufen von Erinnerungen, sodass neue Informationen nicht dauerhaft gespeichert werden können. Ein Patient mit anterograder Amnesie kann am Morgen einer Person begegnen und mehrere Stunden mit ihr verbringen, sich aber am Nachmittag nicht mehr an sie erinnern.

Ursächlich für anterograde Amnesie sind Sauerstoffmangel durch eine Überdosis von Barbituraten und Hirnschäden durch Piercings. Sie gehört zu den häufigsten Ursachen des Korsakow-Syndroms, unter dem Alkoholiker leiden: Problematische Ernährungsgewohnhei-

rakteristischen Symptomen wie »Wortsalat« führt (ein Durcheinander von Geräuschen, die wie Sprache klingen, aber keine Bedeutung haben).

- Bei Agnosie wird die Verbindung zwischen Wahrnehmung und Wiedererkennen/Verständnis gestört, wie in dem Bestseller *Der Mann, der seine*

ten und Alkoholmissbrauch führen zu Thiaminmangel, was wiederum ursächlich für die Zerstörung bestimmter Teile des limbischen Systems ist – den so genannten »Mammillarkörpern«. Bei einem andauernden Korsakow-Syndrom tritt die anterograde Amnesie in der Regel zusammen mit Konfabulation auf, bei der der Patient Geschichten erfindet, um seine Gedächtnislücken zu erklären.

Interessanterweise betrifft die anterograde Amnesie in der Regel nur das deklarative Gedächtnis (das Gedächtnis für Fakten, Ereignisse etc., »wissen, dass«), wohingegen das prozedurale Gedächtnis (das Gedächtnis für Fertigkeiten und Handlungsweisen, »wissen, wie«) erhalten bleibt. Zum Beispiel können Patienten mit anterograder Amnesie eine neue Fertigkeit lernen, wissen aber nicht, wie sie diese gelernt haben.

Frau mit einem Hut verwechselte von Oliver Sacks (1933–2015) aus dem Jahr 1985 beschrieben wird. Ein anderes Beispiel sind Menschen, die unter Prosopagnosie leiden und das Gesicht eines nahestehenden Menschen nicht wiedererkennen können. Stattdessen müssen sie darauf warten, dass sich dieser erklärt, um zu wissen, wer er ist.

• Bei Amnesie ist die Bildung oder das Abrufen von Erinnerungen gestört. Eine vollständige, abrupte Amnesie kommt häufig in Filmen vor, wird als »globale Amnesie« bezeichnet und ist äußerst selten. Ein Gehirnschlag oder eine Hirnverletzung wie ein Schädel-Hirn-Trauma führt häufig zu einem Verlust der Erinnerungen an die jüngste Vergangenheit. Erkrankungen wie das Korsakow-Syndrom (siehe »Anterograde Amnesie«, vorherige Seite) können zu bizarren Formen von Amnesie führen.

Psychosen

Die strengste Definition einer Psychose beschreibt diese als eine Erkrankung, bei der der Patient keine Einsicht in seine Verfassung hat (d. h. nicht zwischen

Fantasie und Realität unterscheiden kann). Allgemeiner formuliert ist es eine Krankheit, die durch Halluzinationen und/oder Wahnvorstellungen gekennzeichnet ist. In der Psychiatrie versteht man Psychosen in der Regel entweder als »organisch« (normalerweise degenerative Erkrankungen infolge eines durch Alkoholmissbrauch oder das Alter hervorgerufenen Hirnschadens) oder als »funktional« (diese Kategorie umfasst Schizophrenie, die bipolare Störung – früher »manisch-depressive Erkrankung« genannt – und Depression im klinischen Sinne).

Schizophrenie ist gekennzeichnet durch:

- Negativsymptome wie Affektverflachung (fehlender emotionaler Ausdruck), Gedanken- und Spracharmut sowie fehlende Intentionalität

- Positivsymptome wie Wahnvorstellungen, Halluzinationen, das Hören von Stimmen, desorganisiertes Sprechen und Denken sowie Katatonie (Verharren in einer Starre)

Die bipolare Störung ist gekennzeichnet durch:

- Starke Stimmungsschwankungen mit …

- manischen Phasen voller Euphorie, Schlaflosigkeit, schlechtem Urteilsvermögen, Wahnvorstellungen und depressiven Episoden

Depression umfasst Symptome wie:

- Depressive Stimmung, Schlafstörungen, Appetitlosigkeit, Müdigkeit, intrusive (belastende, zwanghafte) und manchmal suizidale Gedanken

Es ist umstritten, ob psychotische Störungen eigenständige Erkrankungen mit spezifischen physiologischen Ursachen darstellen. Wenn solche Ursachen existieren, sind sie nicht bekannt und Kritiker argumentieren, dass diese Störungen einfache Zuschreibungen für Symptomkonstellationen seien, die vielleicht zusammen behandelt werden sollten, vielleicht aber auch nicht.

Dissoziative Störungen

Dabei handelt es sich um eine Reihe von komplexen, kaum verstandenen und kontroversen psychiatrischen Erkrankungen, die mit Dissoziation einhergehen – einer gefühlten Trennung zwischen Gedanken und Verhalten, Absichten und Handlungen sowie einer Auflösung der Identität, der Erinnerung und sogar des

Wahnvorstellungen

Diese festen Überzeugungen entsprechen nicht der Realität, weichen von kulturellen Normen ab und sind nicht mit der Vernunft zu erschließen. Sie können blockierend und überaus erschütternd sein und ein gesundheitsschädliches, gefährliches Verhalten verursachen. Wahnvorstellungen sind ein charakteristisches Symptom von Schizophrenie, die häufig mit manchen oder allen der folgenden Phänomene einhergeht: Verfolgungswahn (jemand ist hinter einem her), Referenzwahn (man glaubt, der Gegenstand von Signalen zu sein, die sich nicht wirklich auf einen beziehen können, zum Beispiel Radioübertragungen oder mitangehörte Unterhaltungen zwischen Fremden) und Fremdbeeinflussungswahn (man glaubt, ein äußerer Einfluss würde die eigenen Gedanken und Handlungen kontrollieren).

Wahnvorstellungen können auch bei anderen Erkrankungen wie Demenz und Depression auftreten, die häufig mit nihilistischen Wahnvorstellungen wie Wertlosigkeit einhergehen. Das Capgras-Syndrom bezeichnet die Wahnvorstellung, dass Menschen, die einem nahe stehen, durch Doppelgänger ersetzt wurden. Das Fregoli-Syndrom, das nach einem berühmten Verwandlungskünstler benannt wurde, beschreibt hingegen die Wahnvorstellung, dass unterschiedliche Menschen in Wahrheit eine Person sind, die ständig ihre Verkleidung oder Erscheinung ändert.

Bewusstseins. Erkrankte können unangemessene oder abwesende emotionale Reaktionen zeigen und das Gefühl haben, ihr Leben aus der Ferne zu beobachten. Zu besonders extremen Formen gehören die dissoziative Amnesie und Fugue, eine dissoziative Identitätsstörung, die früher »multiple Persönlichkeitsstörung« genannt wurde.

Die dissoziative Amnesie bezeichnet einen Gedächtnisverlust mit psychologischer Ursache (in der Regel werden dissoziative Störungen durch Stress oder Traumata ausgelöst). Eine ihrer schwersten Formen ist die dissoziative Fugue, eine Störung, bei der Patienten an einen neuen Ort reisen, ein neues Leben beginnen und anscheinend alle Erinnerungen an ihr früheres Leben verlieren oder blockieren, einschließlich familiärer Beziehungen. Bei der dissoziativen Identitätsstörung haben Erkrankte anscheinend zwei oder mehr unterschiedliche Identitäten und wechseln zwischen diesen, insbesondere in Stressmomenten.

Persönlichkeitsstörungen mit Angst und Neurosen

Dabei handelt es sich um eine breit aufgestellte Klasse unterschiedlicher Störungen, die in der späten Adoleszenz oder im frühen Erwachsenenalter auftreten und durch beständige, beherrschende Gedanken gekennzeichnet sind. Das Verhalten der Betroffenen weicht – auch in ihren Beziehungen zu anderen Menschen – von den sozialen Normen ab und löst Stress oder Dysfunktionalität aus.

Diese Störungen hängen größtenteils von sozialen Definitionen ab. Skeptiker würden argumentieren, dass sie lediglich medikalisierte Zuschreibungen für Persönlichkeiten und Verhaltensweisen seien, die anderen nicht gefallen. Beispielsweise:

- Die Borderline-Persönlichkeitsstörung, die durch extreme emotionale Instabilität charakterisiert wird.

- Die schizoide Persönlichkeitsstörung, die durch Kälte und eine zurückgezogene Lebensweise gekennzeichnet wird.

- Die antisoziale Persönlichkeitsstörung, die durch eigennützige Rücksichtslosigkeit und Impulsivität charakterisiert wird.

- Eng verbunden mit der antisozialen Persönlichkeitsstörung ist die Psychopathie, die durch oberflächlichen Charme, Lügen und Gewissens- oder Empathielosigkeit gekennzeichnet wird.

Angst

Schwere Angst und/oder eine Depression mit Dissoziation, intrusiven Gedanken, lebhaften Erinnerungen, Flashbacks und sogar Halluzinationen infolge einer Traumabelastung wird – wenn sie innerhalb von vier Wochen nach einem traumatischen Erlebnis auftritt – »akute Belastungsstörung« oder sonst »posttraumatische Belastungsstörung (PTBS)« genannt. Sie tritt häufig bei Kriegsveteranen auf.

Im amerikanischen Bürgerkrieg wurde die akute Belastungsstörung aufgrund ihrer vermeintlichen Ursache *nostalgia* (dt. »Heimweh«) genannt. Im Ersten Weltkrieg wurde sie als *shell shock* (dt. »Granatenschock«) und im Zweiten als *combat fatigue* (dt. »Kriegsmüdigkeit«) bezeichnet. Erst nach dem Vietnamkrieg setzte sich die Überzeugung durch, dass solche Stressreaktionen auch noch lange nach ihren Auslösern und vielleicht auf unbestimmte Zeit auftreten können. Bei einer Studie mit 157 Veteranen des Zweiten Weltkriegs, ehemaligen Kriegsgefangenen, fand man heraus, dass sie 65 Jahre nach Kriegsende immer noch unter klinisch relevanter PTBS litten.

Kranke Menschen verändern ihr Verhalten, um Auslöser zu vermeiden, doch selbst einfache Auslösereize wie das Wetter können zu Flashbacks führen.

Neurotische Störungen

Eine Neurose ist etwas schwächer als Angst, solange das Subjekt Einsicht in seinen Zustand hat (sich also des Problems bewusst ist). Die Störung muss nicht zwangsläufig auf eine biologische/physiologische Ursache zurückgehen. Neurosen überschneiden sich mit Persönlichkeits- und Dissoziationsstörungen und umfassen angstbezogene Erkrankungen wie Zwangs- und Essstörungen, Panikattacken und Phobien.

Phobien

Eine Phobie ist eine irrationale Angstreaktion auf einen Reiz, der lediglich eine Repräsentation des realen Gegenstands sein kann. Zum Beispiel können Betroffene von Ailurophobie, die Angst vor Katzen haben, schon beim Anblick eines Katzenfotos in Angst verfallen. Zu den häufigsten Phobien gehören:

- Soziale Phobie: Angst davor, Menschen zu treffen oder auf sozialen Veranstaltungen zu sein.

- Agoraphobie: Angst vor großen Menschenmassen, öffentlichen Plätzen und fernab eines sicheren Ortes zu sein.

- Arachnophobie: Angst vor Spinnen, die häufigste Phobie in Großbritannien, wo es keine Giftspinnen gibt. Interessanterweise ist Arachnophobie in Regionen, in denen Giftspinnen vorkommen, viel weniger verbreitet.

- Akrophobie: Höhenangst, die oft mit Höhen- schwindel verwechselt wird, der allerdings ein Symptom von Höhenangst sein kann. Es gibt Be- weise, dass entsprechende Strukturen von Geburt an im Gehirn vorhanden sind. Wenn Babys, die gerade erst gelernt haben zu krabbeln, vor eine »visuelle Klippe« gelegt werden – eine optische Täuschung, die sie glauben lässt, an einem Klip- penrand zu sein –, weigern sie sich instinktiv über den »Rand« zu krabbeln.

- Karzinophobie: Die Angst vor Krebs ist eines der häufigsten Beispiele einer Phobie, die Schaden anrichten kann, weil sie Betroffene daran hindert, einen Arzt aufzusuchen.

- Trypanophobie: Spritzenangst kann einen plötzli- chen Blutdruckabfall verursachen, der zu Ohn- macht oder sogar zum Tod führen.

8

Alles Wissenswerte über

GLÜCK

Wenn Sie einer Freundin erzählen würden, dass Sie einen Psychologen aufsuchen möchten, wie würde sie reagieren? Wahrscheinlich wäre sie besorgt und würde denken, dass Sie ein Problem haben oder psychisch erkrankt sind. Traditionell hat sich die Psychologie stets an einem Krankheitsmodell orientiert. Zwar hat dieser Umstand zu großen Fortschritten in der Behandlung schwerwiegender Erkrankungen wie Depression und Schizophrenie geführt, aber er hat die Psychologie auch in ein negatives Licht gerückt. Doch eine wachsende Bewegung – die »Positive Psychologie« – argumentiert, dass es nicht so sein müsse. Ihr zufolge sollte der Besuch bei einem Psychologen genauso bewertet werden wie der Besuch bei einem Personal Trainer.

POSITIVE PSYCHOLOGIE

Als der Harvard-Psychiater George E. Vaillant (geb. 1934) das »Standard-Lehrbuch für Psychiatrie« – wie er es nannte – analysierte, fand er heraus, dass nur fünf von etwa einer Million Textzeilen von Hoffnung und Freude handelten und in keiner von Liebe oder Mitgefühl die Rede war. So wird in der Regel die Tatsache verschleiert, dass die Ursprünge der Positiven Psychologie sehr weit in die Vergangenheit und die Geschichte der Lehre des Geistes zurückreichen.

Die Frage, wie man glücklich sein kann, war eine Leitfrage antiker griechischer Philosophen und die Ansichten von Aristoteles (384–322 v. u. Z.) über *eudaimonia* (griech. »Glück«) übten einen wichtigen Einfluss auf die moderne Positive Psychologie aus (siehe Seite 227).

Eine kurze Zusammenfassung:

- Bei ihrer Entstehung im 19. Jahrhundert versuchte die Psychologie, sich von der Philosophie

Aristoteles und die Philosophie des Glücks

Aristoteles glaubte, dass der Zweck das Leitprinzip des Universums ist – in dem Sinne, dass alles auf ein Ziel hinausläuft. Der letzte Zweck allen menschlichen Bestrebens, das »höchste Gut für den Menschen«, besteht nach Aristoteles in der Glückseligkeit oder – spezifischer ausgedrückt – darin, ein gutes Leben zu führen, das Glückseligkeit nach sich zieht. Glück ist daher eher ein Prozess als ein Ergebnis und eher eine Aktivität als ein Zustand. Diese Aktivität, so Aristoteles, besteht darin, im Einklang mit der Vernunft zu leben (der Rationalität der Menschen, die ihre einzigartige, essenzielle Tugend ist). Sein eudämonistisches Prinzip lautet, im Einklang mit menschlichen Tugenden zu leben und Aktivitäten auszuüben, bei denen wir unsere Vernunft voll und ganz einsetzen und erforschen. Dieses »gute Leben« müsse unausweichlich zu Glück führen – unabhängig von den Launen des Schicksals –, da es mit der essenziellen Natur der Menschheit übereinstimmt.

abzugrenzen und sich der Wissenschaft anzunähern, doch selbst einige ihrer frühesten Vertreter setzten sich für die Prinzipien der Positiven Psychologie ein.

- William James (1842–1910), der amerikanische Wegbereiter der Psychologie, befasste sich 1906 in seiner Präsidentenrede vor der *American Psychological Association (APA)* mit dem Thema der Positiven Psychologie. Ihm zufolge sollte die Psychologie das Anliegen verfolgen, die Grenzen »menschlicher Energie« zu erforschen und zu lernen, wie diese Energie stimuliert und bestmöglich genutzt werden kann. Auch wenn er eine objektive, wissenschaftliche Psychologie vertrat, plädierte er ebenfalls dafür, sich den subjektiven Erfahrungen des Individuums zu widmen, um die Patienten beim Erreichen positiver Ziele zu unterstützen.

- Der von James vorgeschlagene, humanistische Ansatz geriet in den darauffolgenden Jahrzehnten größtenteils in Vergessenheit, was auf den Aufstieg der freudianischen Tiefenpsychologie (manchmal auch »Erste Welle« der Psychologie genannt) und die anschließende Vorherrschaft der behavioristischen Schule (der »Zweiten Welle«) zurückzuführen ist.

- Den Anstoß für eine »Dritte Welle« (oder »Dritte Kraft«) bildete nach dem Zweiten Weltkrieg die

Arbeit des amerikanischen Psychologen Abraham Maslow (1908–1970), der mit der »Bedürfnishierarchie« ein Modell der menschlichen Motivation entwickelte.

- Unten in der Hierarchie stehen die grundlegenden biologischen Bedürfnisse, in der Mitte die fundamentalen menschlichen Antriebskräfte, zum Beispiel das Streben nach Selbstbewusstsein und das Bedürfnis, geliebt zu werden, und weiter oben befinden sich »Metaziele« wie Autonomie, Ganzheit und Schönheit, die zum Ziel der Selbstaktualisierung führen (eine vollkommen integrierte Persönlichkeit zu werden, die ihr Potenzial entfaltet). Darüber befinden sich das Streben nach Entdeckung und Gipfelerlebnissen sowie die Transzendenz in eine Sphäre, die das individuelle Selbst überschreitet und die Maslow Z realm (dt. »Z-Bereich«) nennt. Maslow war der Erste, der den Begriff »Positive Psychologie« prägte.

- Die Dritte Welle der Psychologie übte einen wichtigen Einfluss auf die Psychotherapie aus und half dabei, die Entwicklung von positiveren, humanistischeren Therapiemodellen voranzutreiben, die den Determinismus ablehnten und die individuelle Autonomie, das Potenzial von Wachstum und das Streben nach einem guten Leben hervorhoben. Der bekannteste Vertreter dieser humanistischen Psychologie war der Therapeut Carl Rogers (1902–1987), dessen personenbezogener Ansatz (auch »Rogerianische Therapie«) die Positive Psychologie ebenfalls in bedeutender Weise beeinflusste.

- Die Positive Psychologie soll als eigene Forschungsschule vom amerikanischen Psychologen Martin Seligman (geb. 1942) gegründet worden sein. Als er 1998 Präsident der APA wurde, nutzte er seine Antrittsrede, um die Positive Psychologie als Disziplin einzuführen und definierte sie als »die wissenschaftliche Studie des optimalen menschlichen Funktionierens, mit der die Faktoren, unter denen Individuen und Gemeinschaften aufblühen können, entdeckt und gefördert werden sollen.«

Das Anliegen der Positiven Psychologie

In der Positiven Psychologie geht es nicht einfach nur darum, glücklich zu sein, und tatsächlich vermeidet

Seligmann nach Möglichkeit das Wort »Glück«, da es für unterschiedliche Menschen verschiedene Bedeutungen haben kann. Lieber nutzt er Begriffe wie *flourishing* (dt. »Aufblühen«) und *well-being* (dt. »Wohlbefinden«). Die Ziele der Bewegung sind teilweise im Gegensatz zum traditionellen Krankheitsmodell der Psychologie entworfen. Ihr zufolge wollen Menschen »aufblühen, nicht nur überleben« und das Entfernen von »einschränkenden Bedingungen« ist nicht dasselbe wie »optimale Bedingungen zu schaffen, die das Leben erst richtig lebenswert machen.« Anstatt zu versuchen, »Schäden oder Schwächen auszugleichen« (engl. *fix what's wrong*), will sie »Stärken ausbauen« (engl. *build what's strong*).

Arten von Wohlbefinden

Die Positive Psychologie setzt auf drei verschiedenen Ebenen an: der subjektiven, der individuellen und der gemeinschaftlichen. Die subjektive Ebene umfasst die Erforschung der subjektiven Erfahrung von positiven Emotionen und Aktivitäten wie Freude, Glück, Optimismus und »Flow« (dt. »Fließen, Schaffensrausch«). Die individuelle Ebene bezieht sich auf das, was ein »gutes Leben« und die Qualitäten einer »guten Person« auszeichnet, und befasst sich mit Stärken und Tugenden.

Die Gruppen- oder Gemeinschaftsebene bezieht sich auf die sozialen und zivilgesellschaftlichen Tugenden, die das Wohlbefinden von Gemeinschaften sowie aller Bürgerinnen und Bürger steigern.

Diese drei Ebenen referieren auf verschiedene Konzepte von Wohlbefinden: dem hedonistischen, dem eudämonistischen und dem gesellschaftlichen.

- Das hedonistische Wohlbefinden kommt dem alltäglichen Verständnis von »Glück« am nächsten. Es umfasst Genuss und das Stillen eines Verlangens und kann daher oberflächlich, flüchtig und nicht unbedingt gesund sein. Dieses Konzept geht auf das Werk des antiken griechischen Philosophen Epikur (um 341–270 v. u. Z.) zurück, der argumentierte, dass der Weg zu einem guten Leben und zu Wohlbefinden darin liege, so viel Lust und so wenig Schmerz wie möglich zu erleben – ein Ansatz, der auch »hedonistisches Kalkül« genannt wird. Doch er trat nicht einfach nur für die schamlose Befriedigung einer Lust ein – wie seine Kritiker behaupteten. Epikur vertrat die These, dass das Stillen eines Bedürfnisses nicht nur zu Lust, sondern auch zu Schmerz führen kann und dass die beste Option darin besteht, das

Kulturell spezifische Arten von Glück

Die Terminologie der Positiven Psychologie mit ihren unterschiedlichen Arten von Glück kann verwirrend erscheinen. Auf der ganzen Welt gibt es in den verschiedenen Kulturen und Sprachen unzählige Begriffe für unterschiedliche Arten von Glück, von denen viele nahezu unmöglich zu übersetzen sind. Zum Beispiel:

Aware – Japanisch für das bittersüße Genießen eines flüchtigen Augenblicks transzendentaler Schönheit, zum Beispiel den Anblick von Kirschblüten.

Belum – Indonesisch für »noch nicht«, aber voller Optimismus, dass es noch geschieht.

Magari – Italienisch, kann grob mit »vielleicht« übersetzt werden, impliziert auch »in meinen Träumen« oder »wenn nur« – eine Mischung aus hoffnungsvollem Wunsch und wehmütiger Reue.

Natsukashii – Japanisch für eine Art nostalgischer Freude und Sehnsucht, die das Glück von schönen Erinnerungen mit der Traurigkeit über vergangene Zeiten verbindet.

Das deutsche Wort »Vorfreude« beschreibt die aufgeregte Freude auf etwas zu Erwartendes (und lässt sich nicht ohne Weiteres übersetzen, eine englische Annäherung wäre *excited anticipation* – Anm. d. Übers.).

Verlangen insgesamt zu beruhigen und zu neutralisieren – eine Ansicht, die offensichtliche Parallelen zum Buddhismus aufweist.

- Das eudämonistische Wohlbefinden bezieht sich auf Aristoteles' Konzept von Glück, gutem Leben und Tugend. Es legt einen Schwerpunkt auf tiefergehende und allgemeinere Vorstellungen von Glück, insbesondere auf das Streben nach Tugenden wie Tüchtigkeit, Vorzüglichkeit, Großzügigkeit und Mitgefühl um ihrer selbst willen und nicht aufgrund eines eng gefassten Konzepts von Belohnung oder persönlicher Bereicherung.

- Das gesellschaftliche Wohlbefinden bezieht sich auf den Gedanken, der Gesellschaft etwas »zurückzugeben«, sowie auf Gemeinden und Institutionen, die gut funktionieren und das Wohlbefinden ihrer Einwohner und Mitglieder verbessern.

Seligmans PERMA-Modell

Vorstellungen wie diese drei Arten von Wohlbefinden sind in Martin Seligmans PERMA-Modell zur Positiven Psychologie und menschlichen Entfaltung enthalten:

- **P** steht für positive Emotion und bezieht sich auf das hedonistische Wohlbefinden und subjektive Erfahrungen wie zunehmende positive Gefühle in Bezug auf die Vergangenheit (Dankbarkeit und Vergebung), die Gegenwart (Achtsamkeit und Genuss) und die Zukunft (Hoffnung und Optimismus).

- **E** steht für Engagement und bezieht sich auf das Konzept des Flows (siehe Seite 237).

- **R** steht für *relationships* (dt. »Beziehungen«) und bezieht sich auf die Beziehungen zu anderen, die Freude, Geborgenheit, Sicherheit, Stolz, Spaß und Sinn geben, sowie auf die Entwicklung von Tugenden wie Mitgefühl, Güte, Liebe, Altruismus etc.

- **M** steht für *meaning* (dt. »Sinn«) und bezieht sich darauf, einen Sinn und Zweck darin zu finden, das Individuelle und Persönliche zu überschreiten, um ein Teil von sozialen und zivilgesellschaftlichen Institutionen und Bewegungen zu werden und diesen zu dienen.

- **A** steht für *accomplishment* (dt. »Leistung«) und bezieht sich auf das Streben nach Tugenden um ihrer selbst willen und kann alles Mögliche beinhalten – vom Nachgehen eines Hobbys über Spitzenleistung in einem Sport bis zu Erfolg auf der Arbeit.

Glücklich = gesund?

Die Positive Psychologie kann mit handfesten, quantifizierbaren Vorteilen einhergehen. Sie kann Menschen dabei helfen, bessere Leistungen auf der Arbeit zu erbringen, erfüllendere Beziehungen zu führen, hilfsbereiter zu werden, besser zu schlafen, eine bessere Selbstbeherrschung zu entwickeln, belastbarer zu sein und bessere Bürgerinnen und Bürger zu werden. Sie kann auch das Immunsystem und die körperliche Gesundheit stärken und zu einer geringeren kardiovaskulären Mortalität sowie einer erhöhten Lebenserwartung führen. Zum Beispiel reduziert gesteigerte Lebensfreude das Sterberisiko um 28 Prozent, wie eine Studie von 2012 ergab, die auf der *English Longitudinal Study of Ageing* basierte. Diese hatte seit 2002 die Daten von 11.000 Männern und Frauen über Fünfzig zu Gesundheit und Wohlbefinden gesammelt.

GIPFELERLEBNISSE UND FLOW

Ein Schlüsselkonzept auf dem Gebiet der Positiven Psychologie ist der sogenannte Flow, der eine Art von verändertem Bewusstseinszustand bezeichnet, bei dem die Aufmerksamkeit vollkommen von einer Aufgabe oder einem Zeitvertreib verschlungen und man zu einer Höchstleistung angetrieben wird – Sportler zum Beispiel beschreiben diesen selbstvergessenen Zustand so, als würden die Dinge »wie in Trance« ablaufen. Wie viele Aspekte der Positiven Psychologie bezieht sich Flow auf ältere Konzepte wie Freuds »ozeanisches Gefühl« (das Fehlen wahrnehmbarer Grenzen, ähnlich eines Ozeans) und Maslows »Gipfelerlebnis« (Höhepunkt positiver Gefühle).

Das ozeanische Gefühl

Freuds Begriff beschreibt eine Art transzendentales Erlebnis, bei dem sich die Grenzen zwischen dem Selbst und dem restlichen Universum auflösen und man sich im Einklang mit dem übrigen Dasein fühlt. In seinem 1930 erschienenen Buch *Das Unbehagen in der Kultur* argumentiert Freud, dass dieses Gefühl der Mechanismus hinter religiösen Erfahrungen sei und daher hinter dem gesamten Phänomen der Religion stehe.

Freud beschreibt »ein Gefühl der unauflöslichen Verbundenheit, der Zusammengehörigkeit mit dem Ganzen der Außenwelt«, was eine vorübergehende Freiheit vom Bewusstsein des Selbst und ein vollkommenes Eintauchen in die Umgebung nahelegt – den späteren Hauptmerkmalen des »Flow-Bewusstseins«. Doch er gab zu, dass ihm das Konzept des ozeanischen Gefühls Probleme bereitete – zum einen, weil er es persönlich nicht erreichen konnte, zum anderen, weil er nicht sicher war, ob es ein Untersuchungsgegenstand sein konnte.

»Von Freude überrascht«

Von einem sehr ähnlichen Erlebnis oder Gefühl sprach auch der amerikanische Psychologe Abraham Maslow, eine Schlüsselfigur in der Entwicklung der Positiven Psychologie. Maslow war einer der Ersten, für den Glück ein zentrales Anliegen des psychologischen Ansatzes war. In seiner Forschung begegnete er einem Phänomen, das er »Gipfelerlebnis« nannte, vielleicht weil es das Gefühl beschreibt, auf einem Berggipfel zu stehen. »Gipfelerlebnisse«, so Maslow, »sind plötzliche Gefühle intensiven Glücks und Wohlbefindens, die das Bewusstsein einer ›letzten Wahrheit‹ und die Einheit aller Dinge« umfassen können. Wie beim ozeanischen

Gefühl fühlt sich das Subjekt »eins mit der Welt« und erlebt einen »Verlust des Zeit- und Raumgefühls«.

Maslow argumentierte, diese Erfahrungen führten langfristig zur Verbesserung der Lebensqualität in allen Aspekten, die die Positive Psychologie fördern will: »Wer ein Gipfelerlebnis erlebt, wird liebevoller und annehmender und damit spontaner, ehrlicher und unschuldiger«, schrieb er in seinem 1964 veröffentlichten Buch *Religion, Values and Peak Experiences*. Allerdings beharrte er darauf, dass Gipfelerlebnisse weder erzeugt noch künstlich eingeleitet werden können. »Im Allgemeinen werden wir von Freude überrascht«, sagte er. Ein Gipfelerlebnis kann nicht direkt angestrebt werden. Es »ist ein Nebenprodukt, eine Begleiterscheinung, zum Beispiel gute Arbeit bei einer anspruchsvollen Aufgabe geleistet zu haben, mit der man sich identifizieren kann.«

An seine Grenzen gebracht

Einer der Gründer der Positiven Psychologie, der ungarisch-amerikanische Psychologe Mihály Csíkszentmihályi (geb. 1934), erforschte ein bemerkenswert ähnliches Phänomen. Als er bei Interviews mit Künstlern, Musikerinnen und Sportlern nach den Auslösern für Glück suchte, entdeckte er einen veränderten Bewusstseinszustand, den er »Flow« nannte und der Empfindungen wie Freuds ozeanisches Gefühl und Maslows Gipfelerlebnis auslösen kann. Genauso wie bei diesen Zuständen ist mit Flow u. a. das Eintauchen in die Umgebung und die Auflösung psychischer Barrieren sowie zeitlicher und räumlicher Grenzen gemeint.

Der Hauptaspekt von Flow besteht darin, dass es weder ein passiver noch ein kontemplativer Zustand, sondern ein aktiver, beschäftigter ist. »Die besten Momente in unserem Leben sind nicht die passiven, rezeptiven, entspannenden Zeiten«, sagte Csíkszentmihályi. »Die besten Momente treten für gewöhnlich ein, wenn der Körper oder Geist einer Person bei einer freiwilligen Anstrengung an seine Grenzen gebracht wird, um etwas Schwieriges und Wertvolles zu vollbringen.« Menschen, die einen solchen Zustand erleben, beschreiben, wie die Arbeit oder Produktivität scheinbar aus ihnen »herausfloss« oder dass sie von einem unwiderstehlichen Flow mitgerissen wurden. Flow definierte Csíkszentmihályi als: »Einen Zustand, in dem Menschen so versunken in eine Aktivität sind, dass nichts anderes von Bedeutung zu sein scheint. Die Erfahrung bringt so viel Freude, dass Menschen sie einfach um ihrer selbst willen fortsetzen.«

The First Four Minutes

Ein klassisches Beispiel für Flow stammt aus dem 1955 erschienenen Buch *The First Four Minutes* des britischen Läufers Roger Bannister (1929–2018), der als Erster eine Meile in unter vier Minuten rannte. Seine transzendentale Erfahrung während des Rennens beschrieb Bannister wie folgt: »Ein frischer Rhythmus ergriff meinen Körper. Ohne mir meiner Bewegungen noch bewusst zu sein, entdeckte ich eine neue Einheit mit der Natur. Ich hatte eine neue Quelle von Kraft und Schönheit entdeckt – eine Quelle, von der ich mir nie hätte träumen lassen, dass sie existiert.«

Merkmale des Flows

Zusammen mit Jeanne Nakamura legte Csíkszentmihályi zwei Bedingungen fest, die bei einer Aufgabe erfüllt sein müssen, um einen Flow-Zustand auszulösen:

- Eine Balance zwischen Herausforderung und Kompetenz, sodass man das Gefühl hat, eine Herausforderung anzunehmen, die einen an die Grenze bringt, an der man aber nicht zerbricht.

- Klare, kurzfristige Ziele oder Meilensteine, sodass man ein unmittelbares, fortwährendes Feedback auf den eigenen Fortschritt erhält.

Nakamura und Csíkszentmihályi legten auch sechs Charakteristiken des Flow-Zustands fest. Diese sind:

- Intensive und fokussierte Konzentration auf das, was man im gegenwärtigen Moment tut.

- Das Verschmelzen von Handlung und Bewusstsein.

- Der Verlust des selbstreflektierenden Bewusstseins – sich selbst in der Aufgabe »verlieren«.

- Ein Gefühl von Kontrolle, sodass man weiß, man kann alles schaffen, was als Nächstes kommt.

- Verzerrung des zeitlichen Erlebens – für gewöhnlich das Gefühl, dass die Zeit schnell vergangen ist, ohne dass man es bemerkt hätte.

- Und ein Gefühl, dass die Erfahrung an sich bereichernd ist – mit anderen Worten, dass sie sich um ihrer selbst willen lohnt, bis zu dem Punkt, an dem das endgültige Ziel nur noch ein Vorwand ist und man die Aufgabe aus Spaß ausführt.

Flow ist nicht nur die Ursache, sondern auch ein Korrelat von Glück. Csíkszentmihályi definiert Flow-Zustände als eine Art Gipfelerlebnis, welche die tiefe und authentische Zufriedenheit und Erfüllung hervorrufen, die nach der Positiven Psychologie charakteristisch für echtes Glück sind. Er sieht sie auch als natürliche Konsequenzen der Persönlichkeit und Lebensweise, die am meisten mit dieser Positiven Psychologie assoziiert werden. Menschen, die engagiert, kreativ und beschäftigt mit ihrer Gemeinschaft und ihren Leidenschaften umgehen – nicht im eng begrenzten, persönlichen Sinn, sondern auf tiefere, weiter gefasste Art und Weise –, gehören zu den Menschen, die wahrhaft glücklich sind.

Aus der Positiven Psychologie können wir daher die Einsicht gewinnen, wie wichtig es ist, »sich selbst zu kennen«, d. h. seine eigene Psychologie – und damit auch die menschliche Psychologie im Allgemeinen – zu erforschen und zu verstehen. In diesem Sinn kann dieses ganze Buch als Hilfsmittel verstanden werden, um das eigene geistige Wohlbefinden zu verbessern, und hoffentlich auch als Ausgangspunkt dienen, um die unzähligen wichtigen und faszinierenden Einsichten aus der Welt der Psychologie noch vollständiger und tiefer zu erforschen.

REGISTER

Z

,